監修者――加藤友康／五味文彦／鈴木淳／高埜利彦

［カバー表写真］
山上の砦で指揮をとる総大将
（『戦国合戦図屛風』部分）

［カバー裏写真］
信玄(右)・元就の花押

［扉写真］
信玄の居館跡(上)と元就の居城跡

日本史リブレット人 043

武田信玄と毛利元就

思いがけない巨大な勢力圏

Kamogawa Tatsuo
鴨川達夫

目次

発見の余地，訂正の余地———1

①
信玄と元就，その生涯，風貌，筆跡———4
信玄の生涯／冴えない中年／元就の生涯／頬ひげの老人

②
当主の地位に就く———14
信玄は正義の味方か／問題の多い「小年代記」／元就の本家相続／「歴史の偽造」説をめぐって

③
名将の条件とは———24
偉大なカリスマ／信玄の人柄／元就の人柄／戦さの戦い方／名将の条件

④
広がる勢力圏———36
より強く，より大きく？／駿河侵攻は報復の行動／周防・長門はかえって重荷／防衛のための進出

⑤
金山と銀山，港湾と海運———47
信玄と金山／元就と銀山／信玄の駿河侵攻と港湾・海運／厳島の戦いをめぐって／港湾の「掌握」とは

⑥
将軍との接し方———57
恭順の意を表する／足利義昭との対立／上意に背いてもかまわない

⑦
家臣を従える———65
起請文を書かせる／傘連判の意味／国衆に対する優越

⑧
家を伝える———77
元就の「教訓状」／複数の男子をもうける／権力の継承

発見の余地、訂正の余地

武田信玄(一五二一～七三)と毛利元就(一四九七～一五七一)は、それぞれの地元を中心に、今でも人気が高い。学問の世界でも、重要な研究対象であり続けてきた。生み出された成果は、ともに数え切れないほどに達している。そのため、彼らについてはもはや語りつくされ、発見や訂正の余地は少ない、というイメージをもつ人もいる。

しかし、研究の材料、つまり当時の手紙や書類を、適切に読み込んだうえでの成果かどうか、そこが問題である。材料の一つひとつに立ち戻ってみなおしてみると、発見や訂正の余地が意外と広いことに気づかされる。

信玄はどうして出家《しゅっけ》したのか、きちんと説明されてこなかったけれど、実は……。

元就と一部の有力な家臣《かしん》とは、対等な面があったとされてきたけれど、実は……。

たとえば、このような発見や訂正を、本書では披露してゆきたい。

また、これまでの研究を読みなおしてみると、ひどく素朴な疑問に襲われることもある。

元就は商業の拠点を「掌握」したというけれど、なにをどうすることが「掌握」なのだろうか。

戦国武将《せんごくぶしょう》たちの征服欲や上昇志向は、当然の前提とされてきたけれど、人間とはそんなに単純明快なものだろうか。

このような疑問にも、筆者なりに答えてゆきたい。

以上の二点が、本書のセールス・ポイントであると、筆者は思っている。セールス・ポイントなどといえば聞えはよいが、意見や疑問を声高に述べ立てるだけで、信玄や元就の全貌を美しくまとめるにはいたらない、ということでもある。しかし、荒っぽいだけに、刺激には富んでいるかもしれない。

信玄の姿、元就の姿を通じて、一般的な戦国大名《だいみょう》像を提示することも、十分に意識したい。ただし、それについてまとめて記述することは、しないつもりである。読者の皆さんが、本書を通じて、それぞれの戦国大名像を描いてくだされば、それでよいと思う。すでに述べたように、本書では、これまでの見方を無難にまとめる、という方針はとらない。本書をたたき台にして、これまでとは違う新しい戦国大名像を、皆さんに生み出していただきたい。もっとも、本書の副題には、筆者のイメージする戦国大名像の、一端を示すようなものをつけたいと思う。

本書の構成についてだが、信玄と元就、二人の生涯の大まかな見取図を、冒頭の章にまとめて記してしまいたい。それによって予備知識をえていただいたうえで、本題にはいってからは、必要な場面を必要なだけ取りだし、分析を加えてゆくスタイルにしたい。

それでは、さっそく、予備知識の章から始めよう。知識に自信のある読者は、飛ばしてくださってもかまわないが、もうここから筆者なりの見方を始めるつもりなので、なるべくお付き合いいただくのがよいと思う。

武田信虎画像

▼**武田信虎**　一四九四〜一五七四年。武田の一族を含む反対勢力をおさえ、甲斐一国を掌握、戦国大名としての武田氏を確立したが、信玄に追放された。のちに、京都の社交界に姿をみせ、信玄が死んだときもなお存命であったが、ふたたび甲斐に戻ることはなかった。

①―信玄と元就、その生涯、風貌、筆跡

信玄の生涯

武田信玄は、一五二一(大永元《たいえい》)年、甲斐《かい》の大名《だいみょう》武田信虎《のぶとら》▲の長男として生まれた。幼名は勝千代《かつちよ》と伝えられ、成人ののちは晴信《はるのぶ》と名乗った。信玄という名前は、三八歳で剃髪し、法体となってからのものである。

一五四一(天文《てんぶん》十)年、信虎から当主の地位を奪い、歴史の表舞台に登場する。信虎は信濃《しなの》への進出に手を着けていたが、信玄はそれを受け継ぎ、武田氏の勢力圏を北方に拡大した。これをみた越後《えちご》の上杉謙信《うえすぎけんしん》は、信玄に対抗する行動を開始し、信濃北部で両者の衝突が繰り返されるようになる。これが一連の川中《かわなか》島《じま》の戦いである。個々の合戦《かっせん》ではたがいに勝ち負けがあったのだろうが、大局的には信玄が優位を保ち、一五五六年前後(弘治《こうじ》年間)までに、信濃一国はほぼ武田氏の勢力圏にはいった。なお、剃髪して名前を信玄に改めたのは、その直後の一五五八(永禄《えいろく》元)年のことである。

一五六一(永禄四)年から、今度は上野《こうずけ》西部に進出、六七(同十)年までかけて

勢力圏に組み込んだ。この間の一五六五(永禄八)年、長男義信《よしのぶ》▲との対立が表面化する。詳しい経過ははっきりしないのだが、とにかく信玄はこの対立に勝ち、義信は命を落とすことになった。その後、義信の異母弟で、他家に養子にいっていた勝頼《かつより》▲が、あらたな後継者候補に起用された。

越後の上杉氏とは敵対関係が続いたが、相模《さがみ》の北条《ほうじょう》氏、駿河《するが》の今川《いまがわ》氏とのあいだでは、友好関係が維持されていた。しかし、この体制は、一五六七(永禄十)年ごろからくずれはじめる。今川氏真《うじざね》が上杉謙信に接近し、信玄を挟撃する態勢をとったのである。これに反発した信玄は、美濃《みの》の織田信長《おだのぶなが》、三河《みかわ》の徳川家康《とくがわいえやす》との関係を成立させたうえで、一五六八(永禄十一)年十二月、駿河への侵攻を開始する。そして、一五七一(元亀《げんき》二)年初頭までに同国のほぼ全域を制圧し、氏真の身柄は取り逃がしたものの、大名としての今川氏を滅亡させた。この過程で、北条氏康《うじやす》が氏真・謙信に味方したため、信玄は相模にも攻め込んだが、こちらは一過性の事件にとどまり、まもなく武田・北条の友好関係がふたたび成立した。

信玄の駿河制圧が終了するころ、畿内《きない》・近国《きんごく》では、織田信長が存在感を高め

▼**武田義信**　一五三八〜六七年。信玄との対立が最大の事績であろう。対立の理由については、信玄の駿河侵攻の構想に反対したのだといわれるが、信玄に早くからそのような構想があったかどうか疑問である。

▼**武田勝頼**　一五四六〜八二年。信玄の四男。信濃の諏訪《すわ》氏を継いでいたが、武田氏に戻り信玄の後継者となった。長篠《ながしの》の戦いで織田信長に敗れる。上杉氏とくむなど信玄の路線を修正したが、信長の総攻撃を受けて滅ぼされた。

朝倉義景画像

ていた。越前《えちぜん》の朝倉義景《あさくらよしかげ》▲、近江《おうみ》の浅井長政《あさいながまさ》▲、大坂の石山本願寺《いしやまほんがんじ》▲など、信長に圧迫されはじめた勢力は、信玄こそ信長に対抗しうる実力者であるとみて、その出馬を待ち望むようになった。信玄の関心は、西に進んで信長と戦うことよりも、北に向かって上杉謙信の動きに対処することに向いていたようだ。しかし、一五七二(元亀三)年十月、待望論に引っ張られる形で、信長との関係を断ち、遠江《とおとうみ》・三河・美濃方面への行動を開始した。いわゆる西上作戦である。一五七三(天正《てんしょう》元)年にはいり、岐阜の信長を狙う態勢を整えたが、四月十二日、陣中で死去したと伝えられている。享年五三。ただちに勝頼が当主の地位を継承したが、対外的には単なる当主交代が装われ、信玄の死は秘匿された。

冴えない中年

信玄の風貌については、でっぷりと肥え、頭の禿げ上がった肖像画(次ページ右上)が、長く信玄であると信じられてきた。しかし、近年では、別人を描いたものであると考えられるようになり、かわって次ページ左上の肖像画が注目されはじめている。従来の「信玄」とは似ても似つかない、冴えない中年男性で

▼**朝倉義景**　一五三三〜七三年。姉川《あねがわ》の戦いで織田信長に敗れ、その後も反信長の態度を維持したため、浅井長政とともに滅ぼされた。本拠地の一乗谷《いちじょうだに》が発掘されたことでも知られる。

▼**浅井長政**　一五四五〜七三年。織田信長の妹を娶り、当初は信長に味方したが、朝倉義景に同調して態度を変えた。義景とともに滅ぼされたが、夫人と三人の娘は生き延びた。彼女たちのその後の運命は、それぞれ有名である。

▼**石山本願寺**　本願寺は浄土真《じょうどしん》宗《しゅう》(一向《いっこう》宗)の本山《ほんざん》。このころは大坂にあり、これを石山本願寺と呼ぶ。顕如光佐《けんにょこうさ》(同宗第十一世)に率いられた強大な政治団体であり、反信長陣営の中核となったが、一五八〇(天正八)年、降伏して大坂から退去した。

武田信玄　ある寺院に伝わる肖像画。吉《き》良《ら》頼康《よりやす》という人物であるとされていたが，これこそ信玄であると考えられるようになってきた。

伝武田信玄画像

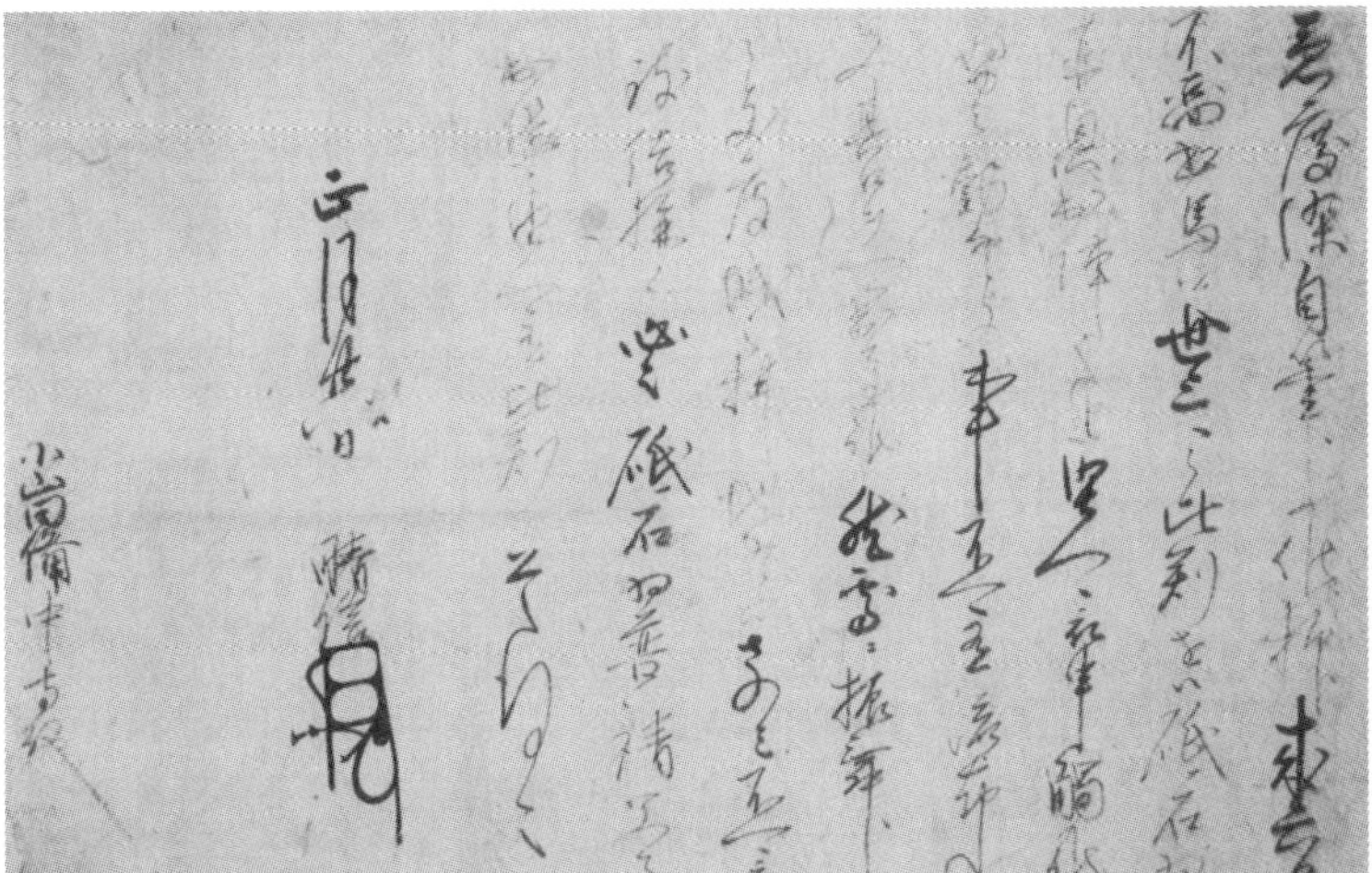

信玄自筆の書状(正月28日付)　晴信と名乗っていた時代のもの。冒頭に自筆であることを特記している。

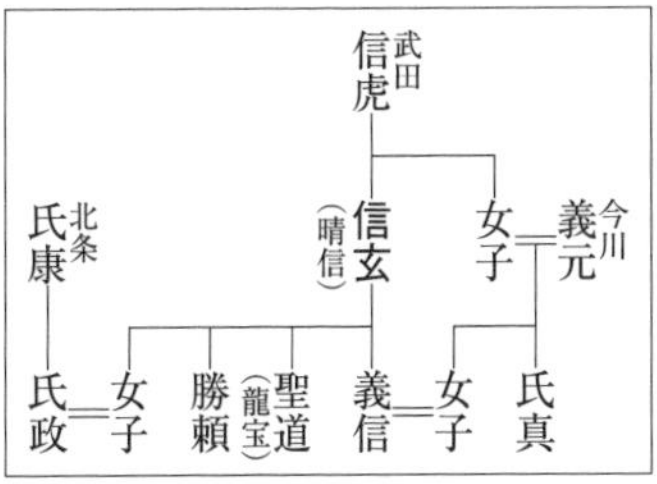

武田氏略系図

ある。また、信玄の筆跡は、前ページ下写真に示したとおりである。線の細さがめだち、力強いとはお世辞にもいえない。風貌と筆跡のあいだに相関関係があるとは限らないだろうが、「冴えない中年男性」のほうにふさわしい筆跡ではある。

元就の生涯

毛利元就は、一四九七(明応《めいおう》六)年、安芸《あき》の豪族《ごうぞく》毛利弘元《ひろもと》▲の次男として生まれた。信玄が一国規模の大名の家に生まれたのに対し、元就が生まれたころの毛利氏は一郡規模の領主でしかなく、近隣には同等の領主が数多く存在していた。また、信玄が嫡流であったのに対し、元就は傍流であった。当主の地位は、弘元からその長男、つまり元就の兄である興元《おきもと》に、興元が早世すると、さらにその長男の幸松丸《こうまつまる》に受け継がれた。この間、元就は毛利氏の本拠地(吉田《よしだ》郡山《こおりやま》城、広島県安芸高田《たかた》市)をでて、少し離れた別の場所(多治比《たじい》猿掛《さるがけ》城、同市)で暮らした。いわば分家の主人である。

一五二三(大永三)年、興元に続いて幸松丸も早世。これによって、元就は本

▼毛利弘元　一四六八〜一五〇六年。一五〇〇(明応九)年、八歳の長男興元に当主の地位を譲り、多治比猿掛城に隠居した。このとき四歳の元就をともなったが、夫人も自身もあいついで死去し、孤児となった元就は弘元の側室に育てられた。

▼大内義隆　一五〇七〜五一年。出雲に遠征して尼子氏を攻めたが失敗、これを契機に求心力を失っていったとされ、義隆を除く計画がなかば公然と進められた。反対派が行動を起こすと長門の北部に逃れ、寺にはいって最期をとげた。

大内義隆画像

家に復帰し、当主の地位に就くことになった。当時の中国地方には、出雲《いずも》の尼《あま》子《こ》、周防《すおう》の大内《おおうち》という二大勢力があり、安芸や備後《びんご》は両者の縄張り争いの場となっていた。元就は当初は尼子方に属したが、まもなく大内方に転じ、その後は大内氏の配下として行動した。大内義隆《よしたか》▲による出雲遠征への参加、また長男隆元《たかもと》▲を人質として周防に差しだすなどの実績がある。それと同時に、安芸・備後の豪族たちとの関係を深め、彼らはしだいに元就に従うようになってゆく。安芸の吉川《きっかわ》、備後の小早川《こばやかわ》の両家については、それぞれ次男元春《もとはる》▲、三男隆景《たかかげ》▲を養子に送り込み、いわば乗っ取りに成功した。このように、上に大内氏を戴きながら、安芸・備後に一定の勢力圏を形成した状態が、当主となっておよそ三〇年、一五五〇年代前半(天文年間末期)における元就の到達点である。なお、この間の一五四六(天文十五)年には、多分に形式的であったとはいえ、隆元に当主の地位を譲っている。

元就の勢力圏が形成されつつあった一五五一(天文二十)年、大内義隆の重臣陶晴賢《すえはるかた》▲が、義隆を倒して周防・長門《ながと》の事実上の支配者となる事件が起こった。元就と晴賢のあいだには事前に連絡があり、元就は晴賢の行動を黙認しつつ、

▼毛利隆元　一五二三〜六三年。父を立て、父に従う意識が強く、なおかつ父より早く亡くなったため、隆元個人としてはめだった事績がない。突然の最期は毒殺ともいわれる。

▼吉川元春　一五三〇〜八六年。安芸北部の豪族吉川氏を相続、同氏を毛利の一門《いちもん》として機能させた。元就のもとで各地を転戦、元就と各地の武士のあいだを取りもつ働きも大きかったとされる。小早川氏を相続した弟の隆景とあわせて、「毛利の両川《りょうせん》」と呼ばれる。

▼小早川隆景　一五三三〜九七年。備後の豪族小早川氏を相続、兄の元春と同様に活躍した。のちに豊臣秀吉《とよとみひでよし》に取り立てられ、独立の大名として九州に移ったが、晩年は領国を手放して備後に帰り隠居した。

▼陶晴賢　一五二一〜五五年。当初の名を隆房《たかふさ》といったが、「隆」

自身の勢力圏の拡充を進めた。この結果、安芸・備後の元就と周防・長門の晴賢が、東と西に並び立つ形勢となった。結局、この両雄は共存することができず、一五五四(天文二十三)年五月、元就は意を決して晴賢との戦いを開始する。そして、翌年十月の厳島《いつくしま》の戦いで晴賢を倒し、一五五七(弘治三)年には晴賢が擁立していた大内義長《よしなが》▲も滅ぼして、周防・長門を制圧するにいたる。義長を滅ぼし、かわりを擁立することもなかったため、これで元就は上に何者も戴かない状態、いわゆる戦国《せんごく》大名の姿になった。引き続き、もともと種々の関わりがあった石見《いわみ》に手を伸ばし、一五六二(永禄五)年までに勢力圏に組み込んだ。この過程で、有名な石見銀山《ぎんざん》(島根県大田《おおだ》市)を手中におさめている。

　このようにして、備後から長門にいたる、東西に長い勢力圏ができあがった。その北東には、尼子氏の勢力圏が広がっていたが、元就が大内氏の配下として、しばしば尼子氏と戦ってきた経緯を考えれば、これは共存できる相手ではなかった。また、勢力圏の南西では、関門《かんもん》海峡を挟んで九州の大友《おおとも》氏とのあいだに摩擦が生じた。このため、周防・長門制圧後の元就は、あるときは北東へ、あるときは南西へ、という戦いを強いられることになった。しかし、一五六三

は大内義隆からあたえられたもの。擁立した大内義長は当初の名を晴《はる》英《ふさ》といい、擁立の際に「晴」を貰い受けて改名した。下剋上《げこくじょう》の代表のようにいわれることがあるが、義隆を義長にかえたのであり、義隆の地位に自分が就いたわけではない。

▼**大内義長**　?〜一五五七年。大内氏の最後の当主。九州の大友氏の一族で、母方に大内氏の血を引く。このため、陶晴賢の擁立するところとなり、大内氏の当主におさまった。しかし、まもなく晴賢は元就に倒され、ついで自身も元就に滅ぼされた。

毛利元就　山口県の豊栄《とよさか》神社に伝わる肖像画。両肩などに多数みえるのは，毛利家の家紋（一文字に三つ星）を丸で囲ったもの。

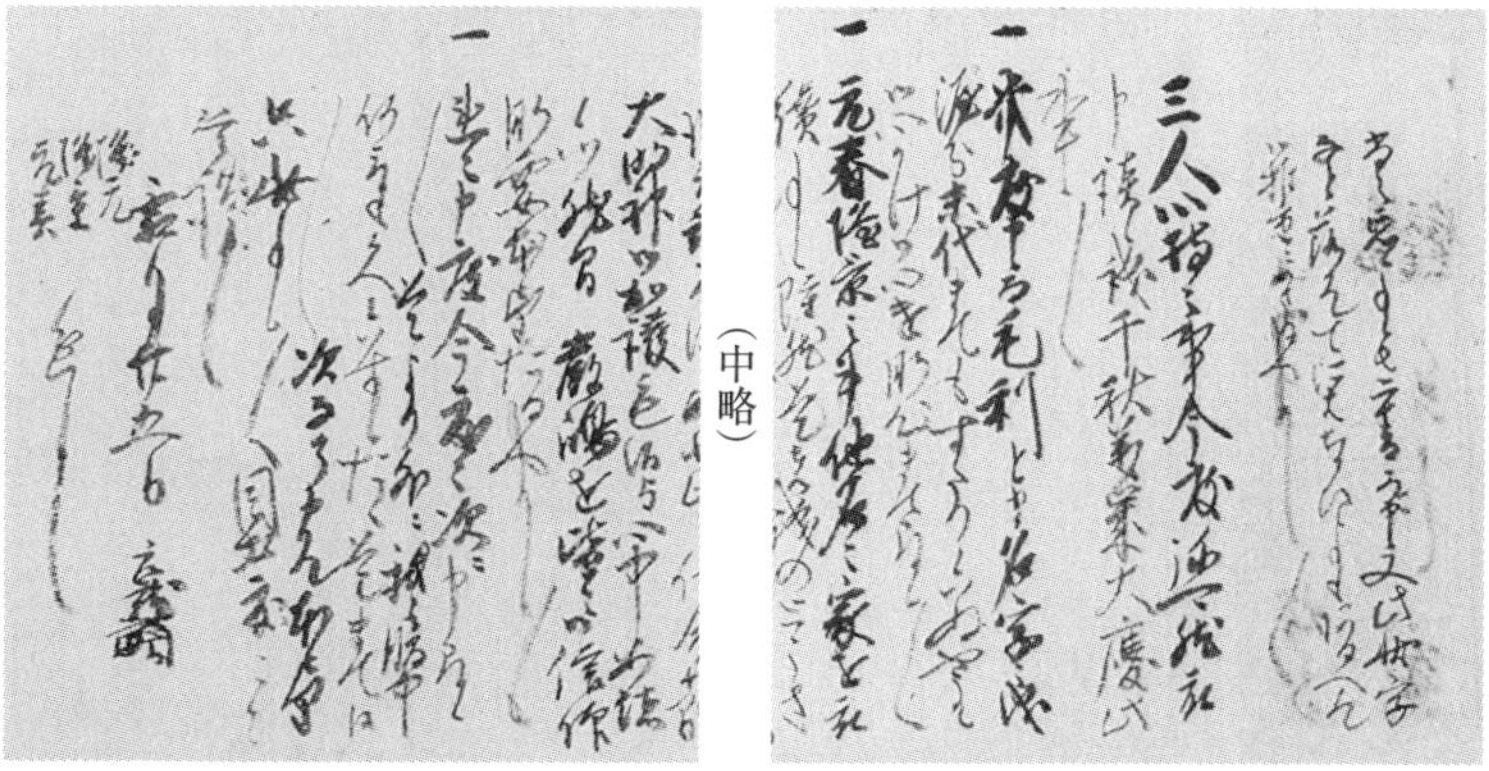

元就自筆の書状（〈弘治３〔1557〕年〉霜月25日付）　宛先は３人の子どもたち。「教訓状」として有名である。全長は３ｍ近くもある。

毛利氏略系図

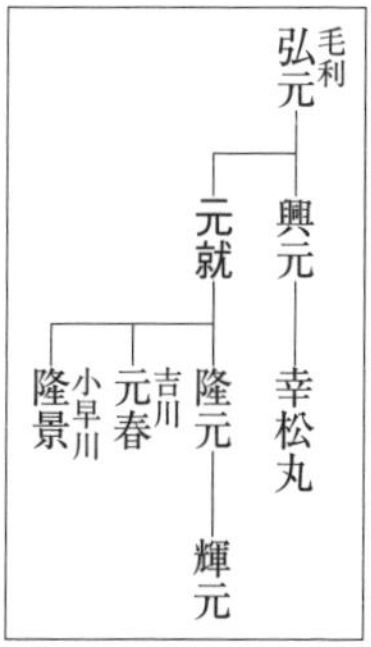

吉川元春画像

小早川隆景画像

▼毛利輝元　一五五三〜一六二五年。元就の嫡孫、隆元の嫡子。豊臣秀吉の天下のもとで毛利氏の運営にあたり、いわゆる五大老《ごたいろう》の一人にもなった。関ヶ原《せきがはら》の戦いに

(永禄六)年に大友氏と和睦《わぼく》すると、その後は北東に専念し、六六(同九)年、尼子氏を滅ぼして、出雲を中心とする地方も元就の勢力圏にはいった。なお、大友氏との和睦と同じ一五六三年に、長男隆元が急死する事件が起こっている。

その後は、一五六九(永禄十二)年をピークとして、九州における大友氏との争い、周防における大内氏再興の動きの処理、出雲における尼子氏再興の動きの処理などがあった。九州では元就が兵を引く形で落ち着き、二つの再興の動きは、ともにそれほど苦しまずに鎮圧することができた。毛利氏の勢力圏は、九州が圏外にはずれる一方で、その中核部分はもはや動揺することもなく、しっかりとしたまとまりを形成しつつあった。残る相手としては、勢力圏の東の彼方に織田信長がいた。しかし、毛利・織田の争いが本格化する前に、元就はこの世を去ったのである。一五七一(元亀二)年六月十四日のことであった。享年七五。隆元の遺児で一九歳の輝元《てるもと》▲があとを継ぎ、その叔父にあたる吉川元春・小早川隆景が補佐する体制がとられた。

敗れ、元就が築いた勢力圏の大半を失ったが、改易《かいえき》はまぬがれ、萩《はぎ》藩《はん》毛利家として再出発した。

頬ひげの老人

元就の風貌は、一一ページ上の肖像画に描かれているとおりである。一五六二（永禄五）年、六六歳の姿であることがはっきりしている作品で、本人の死後に思いだしながら描かれたものではないから、かなり正確にできているはずだ。目鼻立ちにきわだった特徴は認められないが、頬ひげを豊かにはやしている。また、当時の六六歳は相当な高齢者であっただろうが、それにしては若々しく、髪もひげも黒いままである。

元就の筆跡は、一一ページ下写真のとおりである。信玄よりずっと力強く、また、書道の専門家はなんというかわからないが、筆者には文章を書き慣れているようにみえる。いいかえれば、信玄の筆跡は、どことなく素人くさい。もしかすると、元就と信玄のあいだには、筆をとる頻度の点でかなりの開きがあり、それが筆跡の違いとなってあらわれているのかもしれない。

②——当主の地位に就く

信玄は正義の味方か

予備知識をえていただいたので、いよいよ本題にはいることにしよう。思いつくままにいくつかのテーマを立て、信玄の場合と元就の場合を交差させながら、筆者の思うところを述べてゆくつもりである。まずは、信玄が武田の、元就が毛利の、それぞれ当主の地位に就く場面を取り上げたい。意外に思われるかもしれないが、信玄の場合も元就の場合も、当主になるまでの経緯に、いささか不明朗なところが見受けられる。

信玄は、父の信虎《のぶとら》が駿河《するが》にでかけた機会に、その帰路をふさぐことで国外に追放し、かわって自分が当主の地位に就いた、と記録されている。

殿様が、親の信虎を、駿河へ追放なさった。あまりに悪行をなさるので、このようになされたのだが、庶民も武士も僧侶も、男も女も、ともに喜び、かぎりなく満足した。（「勝山記《かつやまき》」）

信虎は日頃から悪逆無道で、人びとも、牛馬などの畜生までも、うれい悩んでいた。駿河の今川義元《いまがわよしもと》▲は、信虎の娘を娶っていたが、その縁で、信虎は駿河にでかけた。信玄は人びとをうれいから解放しようと決心し、足軽《あしがる》をだして信虎の帰り道を断ち、自分が当主となって国をおさめた。人びとは誰もが気持ちよく笑った。（「塩山向嶽禅庵《えんざんこうがくぜんあん》小年代記《しょうねんだいき》」。以下「小年代記」とする）

これらの記事は、事実を正確に伝えているのだろうか。信虎を非常に悪く描き、それによって信玄の行動が正当化されているが、ここに「きれいごと」の匂いを感じるのは、おそらく筆者だけではあるまい。「牛馬などの畜生までも」の部分など、表現があまりにも大げさであるために、かえって疑いをもってしまう。これらの記事と事実とのあいだには、かなりの距離があるものと思われる。実際に起こったのは、大義も名分もない剝《む》き出しの権力闘争であって、その死闘に信玄が勝った、ということなのだろう。

それにもかかわらず、信玄が「正義の味方」として記録されたのは、ここに掲げた記事が、ナマの記録ではないからであろう。これらの記事は、いずれも年代記の一節である。つまり、ある時期に編集された、公式記録の一節である。

▼**今川義元**　一五一九～六〇年。娘を信玄の長男義信《よしのぶ》に嫁がせ、武田氏との姻戚関係をさらに深めた。北条《ほうじょう》氏とも友好関係を築いた。後顧のうれいをなくしたうえで、尾張《おわり》の織田信長《おだのぶなが》を圧迫したが、よく知られているように、桶狭間《おけはざま》の戦いで最期をとげた。

編集が行われた時期は、「勝山記」が十六世紀の末、「小年代記」が十七世紀のなかごろと考えられている。すでに信玄は、歴史上の偉人として、礼賛される存在になっていたはずだ。そのような空気のなかにあっては、信玄の行動を美しく描くことが、ごく当り前の作法であったにちがいない。つまり、これらの記事は、後世の修飾の産物なのである。これらの記事が事実に忠実であるとみるのは、筆者には人がよすぎるように思われる。

問題の多い「小年代記」

「小年代記」については、次のような著しい改変もみられる。信玄の死を、実際の一五七三（天正《てんしょう》元）年より二年前の、七一（元亀《げんき》二）年のこととしているのである。これは、信玄の死は三年のあいだ秘匿されたという俗説に、影響を受けたものと考えられる。「小年代記」がつくられた向嶽寺《こうがくじ》（山梨県甲州《こうしゅう》市）には、信玄が死んだその年のうちに、後継ぎの勝頼《かつより》からもらったお墨付きがある（『山梨県史』▲資料編4、四一二）。したがって、勝頼の治世の始まりは、動かしたくても動かせない。なんとか「俗説」と整合させようと思えば、信玄の死を繰り上げる

▼**『山梨県史』**　山梨県域に関する史料の収集と通史の叙述を行った事業。二〇〇八（平成二十）年に完了。資料編4（中世県内文書）および同5（中世県外文書）に信玄に関する文書をおさめる。また資料編6上（中世県内記録）に「勝山記」「小年代記」を収録。

しかない。当時の数え方は、いわゆる「数え」であるから、三年のあいだ秘匿されたことにするには、死去を満二年繰り上げることになる。このようにして、あっと驚くような記事が、出現することになったのである。ちなみに、信玄の死はたしかに秘匿されたのだが、三年ものあいだ本気で隠し続けたとは考えにくい。また、信玄の葬儀は、一五七六(天正四)年に行われている。死去から満三年後ではあっても、「数え」では四年後になる。これらの点を踏まえて、「三年間の秘匿」を「俗説」とした次第である。

信玄による信虎追放劇そのものについても、まだ指摘すべき点がある。信玄の行動について、信虎が駿河にでかけたのをみて帰路をふさいだ、と明記しているのは、改変の著しい「小年代記」だけである。したがって、この点もまた、十分に疑ってかかる必要がある。実際には信玄が圧力をかけて追い出したものを、イメージをやわらげるために、偶然の機会を利用したことに改めたのではないだろうか。それからもう一点。信虎が本当に「悪逆非道」で、そのために人びとが苦しんでいたとすれば、当主の地位に就いた信玄は、政策を転換する必要があったはずである。しかし、信虎が始めた信濃への進出を、信玄は継承し発展させている。この事実も、「小年代記」の記事が正確ではないことを、示唆しているように思われる。人びとが苦しむ「悪逆非道」は、戦争への動員以外にも考えられるから、決定的な指摘ということにはならないが。

元就の本家相続

元就は、甥の幸松丸《こうまつまる》が早世して本家の嫡流がたえたため、当主の地位がまわってくることになった。それにさきだって、本家の重臣一五人が、連名で一通の書面を作成し、元就に提出している（『毛利家文書』▲二四八）。そこには、次のようなことが書かれている。

元就が本家をおおさめになるべきであると、われらが申しましたところ、同意してくださいました。ついては、どんなことでも、無視したりさからったりはいたしません。

重臣たちが、人徳を慕ってであろうか、一致団結して元就を当主に迎え、絶対の服従を誓ったもの、と読んでしまっては、これまた「きれいごと」にすぎるのではないだろうか。実際には、重臣たちのなかに元就のことをよく思わない

▼『毛利家文書』　毛利家に伝わった古文書《こもんじょ》。山口県防府《ほうふ》市の毛利博物館が管理している。重要文化財。大日本古文書『毛利家文書』が出版されており、活字で読むことができる。

者があり、元就もそれを知っていたのだろう。そのため、このような書面に署名させることで、重臣たちの首根っこを押さえようとしたのだと思われる。「そっちが頼んできたのだから、喜んで服従するはずだよな」という、一種の脅しである。それ以前に、「そっちが頼んできた」という部分も、最終的な格好のつけ方がそうだというだけで、元就は進んで本家に乗り込もうとしたのかもしれない。いずれにしても、この書面は、重臣たちが自発的に提出したものではなく、元就のほうから求めて書かせたものであると、理解するべきであろう。

　実は、以上のような考え方は、もうずいぶん前に、元就による「歴史の偽造」として提出されているのだが（山室恭子『群雄創世紀』）、筆者も改めて同じ思いをいだく。「偽造」説では言及されていないが、書面に署名した重臣たちのなかに、井上《いのうえ》就在と赤川《あかがわ》就秀がいることにも注意したい。彼らの「就」の字は、まずまちがいなく、元就から拝領したものであろう。つまり、この両人は、元就の子飼いだということである。彼らが元就の手先となって、反対派を切りくずしていったのだろうが、それはともかく、元就の息のかかった人物が、すでに本家の重臣にはいっていたことが重要である。毛利軍が出動する際は、幼少の幸松丸にかわって、元就が指揮をとっていた▲と考えられているが、それにふさわしく、本家の運営にも、元就はすでに関係していたのである。そうであれば、幸松丸の死に接した元就が、「次は俺にやらせろ」という態度を示したことは、その可能性が高いといえよう。

ところが、その元就に対し、本家の内部に反対派が生まれたらしいのは、一体どういうことなのだろうか。軍事にも政治にも実績があるのだから、元就を迎えることに衆議一決してもよさそうなものだが……。意地悪く考えれば、当時の元就は、人徳を慕われるどころか、よほど人望がなかったのではないか、という見方もできてしまうのである。

「歴史の偽造」説をめぐって

なお、筆者は「偽造」説に全面的に賛成ではないことを、ここで申し述べておきたい。

「偽造」説では、元就が進んで本家に乗り込んできたという前提で、その事実を後世の目から覆い隠すために、さまざまな工作が行われたとされる。しかし、

▼**指揮をとっていた**　元就の早い時期の軍事行動については、良質の史料がほとんど残っておらず、実態を把握することは非常に困難である。

歴史に名をとどめることが約束されていたわけでもない元就が、そこまで後世の目を意識しただろうか、という素朴な疑問をまず感じる。また、「工作」とされるもののなかには、普通に説明できるものもある。たとえば、ある僧が元就の本家入りに最適な日時を占い、その結果を本家の役人に報告した手紙(『毛利家文書』二四七)が、役人の家にではなく毛利家に伝わっているのは、「工作」の一環として元就派の重臣が動かしたからだ、とされる。しかし、これは元就にこそ知らされるべき内容であり、役人から元就に転送されたことは、十分に考えられる。

別のある手紙(『毛利家文書』二四九)については、偽作されたものではないか、という疑いが表明されている。疑いをかける理由としては、まず文章が途切れ途切れで、まとまりが悪いことをあげている。しかし、内部連絡の手紙の場合、当事者どうしが理解しあえれば用はすむのであって、部外者にはたいへん読みにくいことが、むしろ普通である。

また、疑いをかけるもう一つの理由として、文末の言い回しの不自然さを強調する。原文に、

毎事昨日申し候《そうろう》の条、一筆《いっぴつ》申し候、

とあるのを、

すべては昨日申しましたから、手紙を書きました、

と解釈し、これでは意味が通じない、というのである。たしかに、この解釈では、まったく意味が通じない。しかし、「一筆」という言葉の意味を、ポルトガル人の宣教師による当時の日本語の記録(『日葡《にっぽ》辞書』)で確認してみると、単なる「手紙」という説明に続いて、「一枚の簡単な書きつけ」という意味がでてくる。つまり、問題の部分は、

すべては昨日申しましたから、簡単な走り書きですませました、

といっているのであって、これならばよく意味が通じる。それだけでなく、「文章が途切れ途切れでまとまりが悪い」ことの説明にもなっている。この手紙に偽作の疑いをかける必要は、筆者にはまったく感じられないのである。

細かい話に立ち入りすぎてしまったようだが、要するに、あたえられた材料を無闇に深読みするのは考えものだ、ということである。かといって、材料に対して人がよすぎる読み方も、信玄や元就の英雄視を再生産するだけである。

多くの戦国武将《せんごくぶしょう》について、「英雄視からの脱却」という言葉が叫ばれて久しいが、かたよりなく上手に「脱却」することは、けっして容易ではない。材料から過不足のない情報を読みとる、冷静な目が求められているといえよう。

毛利隆元画像

③―名将の条件とは

偉大なカリスマ

ここでは、信玄や元就がどのような人物であったのか、彼らの人柄について、筆者の見方を述べようと思う。ただし、少し変わった見方を披露するつもりなので、それに踏み込む前に、まずはわかりやすい話から始めたい。それは、信玄も元就も偉大なカリスマであった、ということである。

前章では、元就の人望について否定的なことも述べたが、功なり名をとげてからの信玄や元就は、まことに偉大な存在であったらしい。信玄については、その死が秘匿されたことを指摘すれば、それで十分だろう。余人をもってかえがたい存在であったからこそ、そのような措置がとられたわけである。元就については、彼が引退を口にするたびに、嫡男の隆元《たかもと》や嫡孫の輝元《てるもと》が、言葉をつくして諫めている事実がある。これもまた、余人をもってかえがたいから、であるといってよい。

このように、信玄や元就の、身近な人びとに対する存在感には、絶大なものがあった。ここから想像されるのは、信玄や元就のまわりには、二人を美化し礼賛する空気が充満していただろう、ということである。だとすれば、いわゆる「信玄伝説」や「元就伝説」は、彼らが生きているうちに出現しはじめたかもしれない。歴史を研究する作業のなかで、この文献が成立したのは主人公が生きた時代のすぐあとだから、書かれていることは信頼できるのだ、という言い方がしばしば行われる。しかし、少なくとも信玄と元就の場合には、このロジックはあてはまらないのではないだろうか。二人の研究を進めてゆくうえで、気をつけるべき点の一つであろう。

信玄の人柄

ここからが、「少し変わった見方」である。

信玄は意外に悲観的な面をもっていた。次に紹介するのは、ある家臣《かしん》に届けた手紙の一節である(『山梨県史』資料編5、一一四二)。

例の出陣の件で、おのおのへ動員をかけて以後、皆々の反応はどうか、これだけを心配しているのに、今日までなんの知らせもない。いかがいかが

と身悶えしている。先年の謀叛《むほん》のことも思いだされる。侍《さむらい》どもの内存を聞

き届け、急いで回答してほしい。

部下に動員をかけたあと、それが受け入れられるかどうかを、たいへん心配している。「いかがいかが」の部分がとりわけ印象的だが、これは筆者が大げさに現代語訳しているのではない。原文では、

如何《いかが》々々と窮屈に候《そうろう》、

となっている。そして、最後には、過去の苦い経験まで思いだし、ますます悲観的になっているのである。信玄には、ステレオタイプな戦国武将《せんごくぶしょう》像からは想像できない、非常にナイーブな面があったといえる。

大きな事業を進める場面では、信玄はきわめて慎重であった。駿河《するが》の今川氏《いまがわうじ》真《ざね》▲が越後《えちご》の上杉謙信《うえすぎけんしん》▲とくんで、信玄を挟撃する態勢をとったとき、信玄は周到に準備を整えてから報復にでた。まず、甲斐《かい》にいた氏真の妹▲を楯にとって、「返してほしければ起請文《きしょうもん》▲を提出しろ」と迫り、氏真にこれを承知させた(『歴《れき》代古案《だいこあん》』二八六)。これは、謙信との関係を断ち、信玄とよりを戻すことを、約束させたのであろう。これによって、まず当面の安全を確保した。

▼**今川氏真**　一五三八〜一六一四年。今川義元《よしもと》の子。桶狭間《おけはざま》で戦死した義元の後を継いだが、わずか八年しか家を保つことができなかった。そのため、愚将の代表のようにいわれることがある。

▼**上杉謙信**　一五三〇〜七八年。当初の名は長尾景虎《ながおかげとら》。関東の名門上杉氏を継承し、下の名も政虎《まさとら》、輝虎《てるとら》、謙信と変えたが、本書では上杉謙信に統一した。一貫して信玄と敵対し、これを前提としてさまざまな合従連衡《がっしょうれんこう》が展開された。

▼**氏真の妹**　信玄の長男義信《よしのぶ》に嫁いでいたが、この直前に義信は死去し、未亡人として甲斐に残っていた。

▼**起請文**　自分のこれからの行動や態度について、相手に強く約束するための文書。誓約書。友好関係や主従関係を維持し、背信行為を働かないことなどを誓う。

▼**織田信長**　一五三四〜八二年。このころは美濃に進出し、岐阜を本拠地としていた。信玄との握手は、背後の安全を確保するという意味で、上洛《じょうらく》をめざす信長の望むところでもあった。のちに、信玄が反信長に転じたことから、武田氏を憎むようになり、ついに総攻撃をかけて滅亡させた。

▼**北条氏康**　一五一五〜七一年。北条早雲《そううん》(伊勢宗瑞《いせそうずい》)の孫。信玄や今川義元と友好関係を築く一方、南下してくる上杉謙信と関東の覇権を争った。しかし、信玄の駿河侵攻で態度をまったく変え、謙信とくみ信玄と戦う路線に転じた。

▼**徳川家康**　一五四二〜一六一六年。織田信長の後援をえて台頭。信玄とくんで今川氏真を破り、三河・遠江《とおとうみ》の大名となった。しかし、やがて武田氏と断交、遠江などでしばしば衝突した。信長による武田氏総攻撃の際も、駿河方面からの攻撃の主力となった。

次に、美濃《みの》の織田信長《おだのぶなが》▲とのあいだに、協力関係を成立させた。氏真への報復を開始すれば、氏真と謙信の関係はたちまち復活し、氏真を女婿とする相模《さがみ》の北条氏康《ほうじょううじやす》▲も、氏真に味方することが見込まれる。つまり、信玄は、三方を囲まれる形になる。これに対抗するために、自分に味方してくれる勢力を確保したのである。なお、信長の子分格である三河《みかわ》の徳川家康《とくがわいえやす》▲とも、同時に協力関係にはいったはずである。

ここまですませても、信玄はまだ動かなかった。信玄包囲網の一角、越後の上杉謙信は、雪の積もる冬場は自由な行動ができない。信玄は、冬がくるのを待った(本人がそのように語っている〈『上杉家文書』五二九〉)。そして、満を持して、氏真への報復に乗りだしたのである。一年余りの時間をかけ、三段構えの準備を整え、それからはじめて行動に移る。慎重という言葉のほかには、表現のしようがないといえよう。

実は、同じようなことが、すぐにもう一度繰り返される。信玄との協力関係にはいった徳川家康が、今川氏真とまったく同様に、上杉謙信とくんで信玄を挟撃する態勢に転じるのである。どうやら、信玄と境を接する大名《だいみょう》たちは、信玄の威勢に圧されて、なにかの動きをしないではいられなくなるらしい。信玄のカリスマ性は、身近な人びとに対してだけでなく、外交関係の相手に対しても、作用(反作用というべきか)をおよぼしたようだ。

　それはともかく、この場合も、信玄はただちに報復にでることはしなかった。家康と敵対すれば、その親分である織田信長とも、もちろん敵対することになる。もとより、上杉・北条との対立も続いている。迂《う》闊《かつ》に報復に乗りだせば、ふたたび三方を囲まれることになる。そこで、信玄は、たえることにした。その間に、まず北条氏政《うじまさ》▲と和睦して、関係を修復した。また、大坂の石山本願寺《いしやまほんがんじ》など、信長に圧迫されつつある勢力から、打倒信長の戦いを要請する声が届くようになった。これに応える形で、足かけ三年の忍耐の末に(これも本人がそのように語っている〈『山梨県史』資料編5、一八〉)、ようやく行動を開始したのである。もっとも、今述べたような事情から、主たる敵は信長に移っており、家康に対しては一撃を加えるだけ(三方原《みかたがはら》の戦い▲)ですませている。

　以上のように、一歩ずつ慎重に事業を進めるのが、信玄のやり方であった。最初に指摘したナイーブで悲観的な面は、この慎重さとまったく矛盾しない。

北条氏康画像

▼**北条氏政**　一五三八〜九〇年。北条氏康の子。信玄の女婿。氏康の晩年に、上杉謙信とくんで信玄と戦う路線が選ばれたが、氏康が死去するとまもなく、信玄との友好関係が復活した。豊臣秀吉《とよとみひでよし》の台頭に対応することができず、いわゆる小田原《おだわら》合戦で滅ぼされた。

▼**三方原の戦い**　一五七二(元《げん》亀《き》三)年十二月二十二日に行われた戦い。信濃《しなの》から南下して遠江にはいり、家康の本拠地浜松《はままつ》をめざす信玄を、家康が浜松の北方で迎え撃ったもの。大敗を喫した家康の、困惑したようすを描いたといわれる肖像画がある(左写真参照)。

徳川家康画像

ナイーブ、悲観的、慎重……。信玄の人柄を、筆者はこのようにみる。

元就の人柄

元就の人柄については、彼自身による克明な描写が残っている(『毛利家文書』四〇五)。

自分は、身体が強い者、精神が強い者、知恵や才覚が人より優れている者、また正直でつねに正道をいくために人並み以上に神仏に守られる者、そのいずれでもないのに、このように(戦乱の世を)くぐりぬけたことは、どのような理由によるのか、自分でもまったく想像することができない。

多くの人が「謙虚」という言葉を思いだすだろうが、その一語ですませてしまっては、単純にすぎるであろう。なにごともひかえめに評価し、けっしてうかれることのないタイプ、というまとめ方ではどうだろうか。

この「ひかえめに評価する」という人柄が、政治情勢の判断に向けられると、次のような文章となってあらわれる。周防《すおう》・長門《ながと》を制圧した直後に、自分の陣営の状況を描写したものである(『毛利家文書』四〇六)。

毛利のことをよく思う者は、他国についてはいうまでもなく、地元の安芸《あき》（の豪族たち）にも一人もいないであろう。

古くからの身近な家臣たちでも、人によっては、また場合によっては、それほどよくは思わない者ばかりであろう。

大きな勝ち戦さのあとでもあり、実際はこれほど深刻な状況ではなかったはずだ。しかし、ひとたび元就に筆をとらせると、このような描写になってしまうのである。元就の書いたものについては、筆者のほかにも、「取越苦労」（永井路子『戦国武将の素顔』）、「悲観的すぎる」（和田秀作「元就の人材育成と領国支配」岸田裕之監修『中国の盟主毛利元就』）、「悲観主義的で愚痴っぽい」（池享『知将毛利元就』）などの指摘があり、定説になりつつあるようだ。

このような人柄にふさわしく、元就の場合も、その行動は非常に慎重であった。たとえば、彼は酒を飲まなかった。元就によれば、祖父の豊元《とよもと》が三三歳で、父の弘元《ひろもと》が三九歳で、兄の興元《おきもと》が二四歳で、それぞれ若死にしてしまったのは、すべて酒の飲みすぎが原因だという。自分自身については「けこ」（下戸）と表現しているから、「飲まない」ではなく「飲めない」であったのかもしれないが、いずれにしても、祖父や父、兄の轍《てつ》を踏まないように、かたく心に決めていたのだろう。そのおかげで長生きすることができた、と元就は記している（『毛利家文書』五九九）。また、

酒なんかに頼っても、少しも心の癒しにはならないだろう、と述べたものもある（『毛利家文書』四一二）。そこまで酒を敵視しなくても、と筆者などは思うのだが……。

戦さの戦い方

元就が慎重であったのは、私生活においてだけではない。陶晴賢《すえはるかた》との対立が深刻になり、毛利側から攻撃にでることも考慮されたとき、元就は、⑴晴賢に勝てたとしても征服した土地の統治に自信がもてない、⑵晴賢に敗れれば尼子《あまこ》にも攻め込まれて一巻の終りである、などの理由を示して、主戦論を明確に退けている（『毛利家文書』六六七）。その後、ついに開戦を決意したのは、晴賢が先に動いたことを確認し、応戦する形で立ち上がったのである。早すぎる決断を避け、状況が行き着くところまで行き着いたのを見届けてから、そこではじめ

て行動に移る。まさに慎重そのものというべきであろう。

なお、「晴賢が先に動いた」というのは、彼が安芸の豪族たちに使者を送ってなんらかの工作を試みた事実があり、それが開戦直前の出来事であると、通常は考えられていることによる。このとき、平賀《ひらが》という豪族は、やってきた使者を捕え、元就に突きだしている。平賀のこのような行動と、それに対して元就が、

(貴殿の)二心のないお気持ちに満足しています、

と述べていることから(『平賀家文書』八六)、「工作」は豪族たちに元就への謀叛をうながしたものとみてまちがいない。晴賢は元就陣営の切りくずしを始めたのであり、これをみて元就は開戦を決意したのだと思われる。ただし、この出来事があったのは、通常考えられているより一年あと、両者の戦いが始まってからの可能性がある。その場合は、筆者の説明は少しくずれることになるが、元就が主戦論を退け、軽率な行動をとらなかったことに変わりはない。

個々の戦さの戦い方についても、元就の慎重さは発揮された。次に紹介するのは、次男吉川元春《きっかわもとはる》・三男小早川隆景《こばやかわたかかげ》らに書き送った、長文の手紙の一節であ

る(「佐藤文書」九月二十日元就書状)。ある方面で、元春たちが戦いを始めようとしたときに、自分の見解を示して自重をうながしたものである。実際にはさまざまな人名がでてくるのだが、わかりやすいように整理して紹介しよう。

相手の居場所は、きっと堅固に守られているだろう。そのうえ、相手の味方の勢力も詰めているだろう。そこへ迂闊に攻め込んでも、悪くすればばくいとめられるし、長期戦に引きずり込まれたり、戦いぶりが悪かったりすれば、ひどく周囲の不評を買うであろう。どこでもよいから、とにかく容易に事が成る、都合のよい方面から、兵力を集中して戦えば、よいのではないだろうか。

必ず勝てる場合にのみ戦い、そうでない場合には戦わない。これが元就の信条であったようだ。平凡な必勝法であることはまちがいないが、世の中には「虎穴に入らずんば虎子を得ず」という言葉もあり、これでは慎重にすぎるという評価も可能であろう。

名将の条件

すでにお気づきのように、信玄と元就は、よく似た性質の人間であったといえる。ともにやや悲観的なところがあり、また、どちらも非常に慎重だということである。

ところで、二人のこのような性質は、実は彼らの優秀さ、有能さを示しているのではないだろうか。悲観的なところがあるのは、視野が広く、思考が柔軟であるために、自分に都合の悪いものも含めて、いろいろな可能性がみえてしまうからであろう。また、冷静な目、強い意志をもたない者は、一時の感情や周囲の状況に、容易に押し流されてしまう。いいかえれば、慎重であることができない。しかし、信玄も元就も、非常に慎重であった。つまり、冷静な目と強い意志を、彼らはもっていたのである。

広い視野、柔軟な思考、冷静な目、強い意志……。これらをあわせもつ人間を、優秀、有能といわずしてなんといおうか。信玄と元就は、それぞれの政治的成功が十分に肯ける、非常に優れた人間であったと考えられる。ただし、彼らの優秀さ、有能さは、悲観的で慎重であるという、少し意外な形であらわれている。そこをみあやまらないようにしたい。悲観的で慎重……。掘りさげてみると、それは名将の条件なのである。

時代も分野もまったく異なる話だが、今日の一流のスポーツ選手のなかには、シーズンを前にして、極度の自信喪失状態に陥る、つまり悲観的になる選手がいるという。また、同じく一流のスポーツ選手は、最高の力を発揮するために、周到な準備をおこたらないものだとも聞く。悲観的で慎重であるのは、立派な結果を残すための、時代や分野を問わない条件であるのかもしれない。

④——広がる勢力圏

より強く、より大きく?

①章で確認していただいたように、信玄は中部地方から関東地方に、元就は中国地方の西部に、それぞれ巨大な勢力圏を成立させた。ここで一つの質問を提出したい。この巨大な勢力圏は、彼らが狙って手にいれたのだろうか、それともそうではないのだろうか。

前者に決まっているではないか、という声が聞こえてきそうである。たしかに、人間の本能のなかには、より強く、より大きくという考え方が、根深く備わっているようだ。しかし、信玄や元就が活動したのは、原始《げんし》時代ではない。戦国《せんごく》時代の武将《ぶしょう》たちは本能の赴くままに戦いあい、強い者は弱い者を取り込んでより強くなっていった、などと理解してしまっては、あまりにも単純であるだけでなく、武将たちを馬鹿にすることにもなるのではないだろうか。

しかしながら、より強く、より大きくという考え方(「征服欲」という言葉におきかえてもよかろう)が、そのまま発揮される場面も、皆無ではなかったようだ。

上杉謙信画像

信玄や元就の初期の行動、具体的にいえば、信玄が信濃《しなの》に進出したことと、元就が安芸《あき》・備後《びんご》の豪族《ごうぞく》たちを従えていったことは、征服欲の現れとみるべきであろう。

当時の信濃には一国規模の有力な大名《だいみょう》が存在せず、外部の勢力が制圧しようと思えば、比較的容易に実現できる状況にあった。これに目をつけたのが信玄の父信虎《のぶとら》であり、信玄も父が始めた信濃への進出を受け継いだ。甲斐《かい》から信濃の諏訪《すわ》地方にかけては、なだらかな高原が続いており、両国の境目には山脈も大河もない。このような地理的な条件が、甲斐と信濃は一続き、といった意識を生んだことも考えられる。ちなみに、越後《えちご》と上野《こうずけ》のあいだには、三国《みくに》山脈が横たわっている。上杉謙信《うえすぎけんしん》はしばしば三国越えを敢行したが、この場合は、境目を越えて別世界にはいることが、はっきりと意識されただろう。

信濃と同様に、安芸および備後にも、規模の大きな有力者がいなかった。そのため、西からは大内《おおうち》氏、北からは尼子《あまこ》氏が、それぞれ手を伸ばすところとなった。これに対し、元就は両国の豪族たちを糾合し、その上に立つことで、自分が有力者になろうとした。したがって、元就については、征服欲という言葉

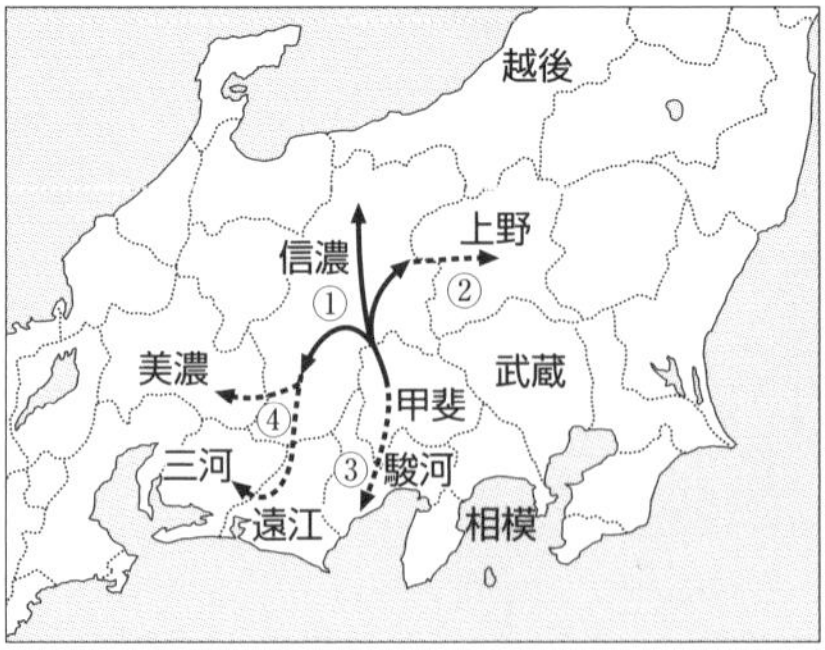

信玄勢力圏の拡大　①信濃へ。②信濃から上野へ。③駿河へ。④遠江・三河・美濃へ。

は少し問題かもしれない。使命感に裏打ちされた権力欲、といったところだろうか。

駿河侵攻は報復の行動

さて、問題は、ここから先である。

信玄の場合、信濃の次には、上野に進出した。これは、さきほどふれた上杉謙信の三国越え、つまり関東進出と、密接に関係していると考えられる。謙信がはじめて関東に進出し、上野から武蔵《むさし》・相模《さがみ》までを一巡した、その直後に、信玄の上野進出が始まっているのである。そのころ、信玄は信濃のほぼ全域を、すでに手中におさめていた。ここで上の図をみていただきたい。南北に伸びる信濃の、その東側によりそうように、上野は広がっている。謙信が今後も上野にあらわれ、ここに勢力を築くようなことが起これば、信濃は非常に危険な状態におかれることになる。そのような事態を避けるために、信玄は自分が先に上野を制圧してしまおうと考えたのであろう。つまり、信濃を守るために、上野への進出を始めたのである。信玄の攻勢が上野の東部にはおよばず、信濃と接する西部を制圧するにとどまったことも、信玄の意図をものがたっている。

駿河《するが》への侵攻は、今川氏真《いまがわうじざね》に対する、報復の行動であった。氏真が上杉謙信とくんで、信玄に敵対したことへの報復である。侵攻の結果は、氏真の身柄は取り逃がしたものの、駿河から今川の勢力を一掃し、同国を自分の勢力圏に組み込むことで、所期の目的を達成することができた。つまり、駿河の制圧▲は報復の手段なのであって、それ自体が目的だったのではないということである。なお、駿河への侵攻にあたって、信玄は三河《みかわ》の徳川家康《とくがわいえやす》の協力をえた。その見返りとして、駿河とともに今川勢力圏を構成していた遠江《とおとうみ》を、家康に攻めとらせている。このような気前のよい態度をとることができたのも、今川の勢力圏を取り込むことが、最優先の目的ではなかったからであろう。

信玄の最後の行動は、死去する直前の遠江・三河・美濃《みの》方面への行動、いわゆる西上作戦である。これは、石山本願寺《いしやまほんがんじ》などから織田信長《おだのぶなが》との対決を要請され、不本意ながら引っ張りだされたのである。つまり、これもまた、政治情勢の産物なのであって、信玄がこの方面への勢力拡張を望んだわけではない。信玄がどのように「引っ張りだされた」かについては、必ずしも十分に説明するこ

▼**駿河の制圧**　信玄のとった行動について、北条氏は「国競望《くにけいもう》」(領国の乗っ取り)という言葉をもちだしながらも、結局は「(氏真が)謙信に内通したためか」と述べている(『静岡県史』資料編7、三五二六)。信玄の行動は、当時においても、征服欲の発揮ではなく、政治情勢の産物であるとみられていた。

石山本願寺第十一世顕如光佐《けんにょこうさ》画像

とができないが、西上作戦の直前に信玄が僧正《そうじょう》に任ぜられたことは、引っ張りだし工作の一つではないかと思われる。信玄が京都に届けた手紙(『山梨県史』資料編5、二六一四ほか)によれば、この話をもちかけたのは、京都側からであった可能性が高い。そこまでされてしまっては、ということで、信玄も腰をあげ▲ざるをえなかったのだろう。

以上のように、上野進出から後の信玄の行動は、どれも征服欲とは関係がないと、考えられるのである。

周防・長門はかえって重荷

次は元就の場合である。

安芸・備後の有力者となった元就は、西へ進んで周防《すおう》・長門《ながと》を制圧した。これは、陶晴賢《すえはるかた》と対立し、その勢力を滅ぼした「結果」である。晴賢と対立した理由は、はっきりしていない。とにかく、ある時期から、毛利の首脳たちは晴賢との衝突を不可避と考え、毛利側から仕かける可能性も取沙汰《とりざた》されるようになった。首脳たちの会議の議事録と思われるものに、次のような元就の状況判断

▼信玄も腰をあげ　ちなみに信玄が上洛の意志を明示した例はない。顕如光佐が信玄に届けた書状(『戦国遺文』武田氏編、四〇四五)に、「上洛すると聞いている」という言葉があるが、これは織田信長が上洛するのであって、信玄とは関係がない。

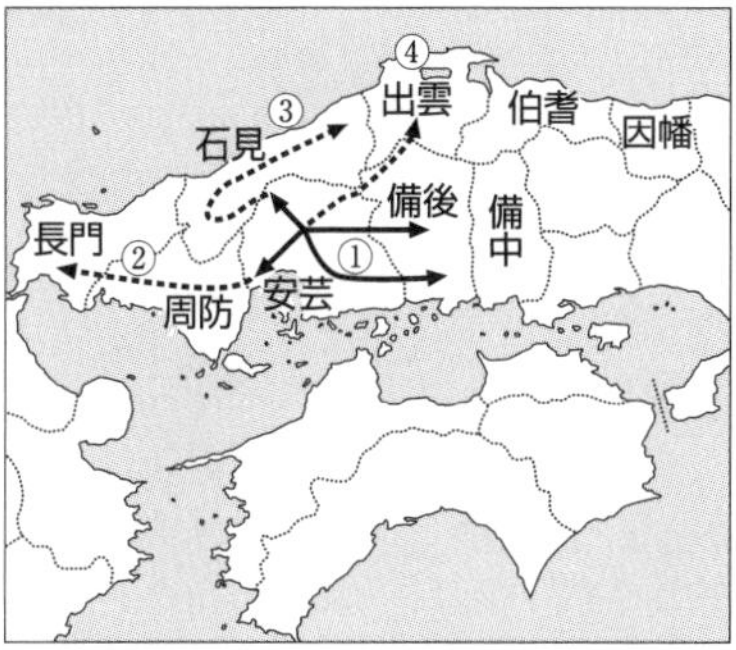

元就勢力圏の拡大 ①安芸国内および備後。②周防・長門へ。③石見へ。④出雲へ。

がみえる(『毛利家文書』六六七)。

晴賢とわれらの関係がうまくゆくことはなかろう。こちらが劣勢のときに戦端を開かれ、晴賢から仕かけられて、受け太刀の形で戦うより、こちらの力が漲《みなぎ》っているときに、(こちらから)戦端を開きたい。

しかし、周防・長門を攻めくずして、(その後の)統治(はどうなるか)。備後・安芸・石見《いわみ》まで含めて、心得違いの者がでないようにしっかりと統治することは、まったく困難である。

もちろん、攻めくずすことに失敗すれば、たちまち晴賢と尼子が一体になってこちらに攻めかかり、(われらを)潰してしまうであろう。

(晴賢が推戴《すいたい》している)大内義長《よしなが》をこちらに迎えて、義長とわれらが一体となって晴賢をたたきたい、このように念願しているのだが。

さらに、このすぐあとに、

以上の理由をもって、戦端を開くことはやめる、

と記されている。これが、前章で「主戦論を明確に退けている」と述べた、その根拠である。

この議事録をみると、元就は、食うか食われるかのみきわめに、意識を集中させていたようだ。そして、首尾よく食うことができた場合には、今度は周防・長門の統治が問題だ、という順序になっている。しかも、その両国の統治に、彼は自信をもてずにいる。つまり、元就にとっては、とにかく晴賢と戦うことに関心があり、周防・長門は戦いに付随するもの、それも果実ではなくむしろ重荷であったとみられるのである。さきほど、周防・長門の制圧は晴賢を滅ぼした「結果」と表現したのは、以上のような意味においてである。邪魔な晴賢を滅ぼして、狙いどおりに周防・長門を入手した、という意味ではまったくないことに、ぜひ注意していただきたい。

ところで、この議事録には、ほかにも注目すべき点がある。それは、大内義長を推戴したい、としている点である。これは、晴賢と戦うための「錦《にしき》の御《み》旗《はた》」をほしがっただけで、晴賢を倒してしまえば義長も始末するつもりであったのだ、と受け取るべきかもしれない。実際には、元就は最後まで義長を推戴することができず、それどころか長門の南部に追いつめて死なせてしまっている。しかし、その際に、

このような事態に立ちいたったことは、それにしても思いがけないこと、▲

としかいいようがない、

と述べているのである（『萩藩閥閲録《はぎはんばつえつろく》』▲二、八六二ページ）。この発言と議事録の発言とは、首尾一貫しているといえる。元就には、晴賢を倒すつもりはあっても、義長まで倒すことは、考えていなかったのではないだろうか。①章で述べたように、元就は義長を倒したことで、上に何者も戴かない状態、いわゆる戦国大《だい》名《みょう》の姿になる。しかし、それは「思いがけない」成り行きだったのであり、狙って大名に成り上がったわけではないらしいのである。

なお、周防・長門にやや遅れて、元就は石見を制圧している。さきほどの議事録の書き方にもあらわれているように、石見は備後および安芸と一続きであったようだ。石見銀山《ぎんざん》を含んでもいる。したがって、石見の制圧については、征服欲という言葉で説明するのがよさそうだ。

元就が最後に進出したのは、山陰の実力者、尼子氏のいる出雲《いずも》に向かってである。出雲は、中国地方西部に広がった元就の勢力圏の、北東の角に食い込むように位置している。また、大内氏の配下として、元就は長く尼子氏と敵対し

▼**思いがけないこと**　体裁をつくろうために、本音とは違うことを述べる場合がある。しかし、この発言は腹心の家臣《かしん》に向かって述べたもので、本音であるとみてよかろう。

▼**『萩藩閥閲録』**　萩藩士の家に伝わった古文書《こもんじょ》を写しとって集成した書物。原本は江戸《えど》時代中期に成立。一九六七～七一（昭和四十二～四十六）年に刊本として出版された。毛利氏に関する基本史料の一つ。

てきた。したがって、これも議事録にあらわれているように、尼子氏は元就のつねに警戒する相手であった。周防・長門に石見まで制圧したといっても、尼子氏が健在であるかぎり、元就は枕を高くして眠ることができなかったはずだ。彼としては、尼子氏に決戦を挑み、これを滅ぼしてしまうしかなかったのだと思われる。信玄は信濃を守るために上野に進出したが、元就も北東方面の防衛のために出雲に進出したのだと考えたい。

ある地域を守る場合に、その隣接する地域が問題となることについては、当時の発言をいくつか紹介することができる。備中《びっちゅう》の情勢が重要である理由について、元就は次のように述べている(『毛利家文書』四二九)。

備中でもし大敗してしまえば、ただちに備後が心配なことになるであろう。備後で変事が起これば、笑いごとではすまされないから、まず備中で大敗しないように頑張ってくれなくては困る。

また、小早川隆景《こばやかわたかかげ》は、伯耆《ほうき》に駐在している部隊に対して、次のように述べている(「久芳《くば》文書」五月三日隆景書状)。

因幡《いなば》の情勢を、どんどん報告してもらいたい。そちらでよく協議して、因幡へ加勢してくれることが重要だ。因幡がおかしなことになれば、伯耆の人心も変わってしまうだろうから。

前者では備後を守るためにその外側の備中を重視し、後者では伯耆を守るためにその外側の因幡にてこ入れする、という認識が示されている。勢力圏が広がったときには、ただちにその外側を意識する必要があったのである。

防衛のための進出

以上のように、信玄の場合も元就の場合も、勢力圏拡大のかなりの部分は、狙って実現したものではなかったといえる。より強く、より大きくという考え方が当り前であり、強者は弱者を取り込んでより強くなってゆく、という世界ではなかったのである。ではどうして勢力圏は拡大していったのか。その答えとして、一つには政治情勢の産物という考え方、もう一つには防衛のための進出という考え方を、ここでは強調してみた。

妙な例をもちだすようだが、第二次世界大戦における日本軍は、悪名高いガダルカナル(ソロモン諸島)など、南半球の島々にまで進出した。これはもちろん、ガダルカナルを日本の領土にしたかったわけではなく、ラバウル（パプアニューギニア）という要衝の前衛をつくろうとしたのであり、そのラバウルを占領したのは、日本海軍の前進基地、トラック（ミクロネシア連邦）の前衛としてである。そして、海軍がトラックに基地を設けたのは、日本の本土を守るためであった。このように、ある場所を守ろうとすると、かえって遠くへ遠くへと進出することになる、これが戦争の一つの法則なのである。戦国大名の勢力圏拡大も、ある地点から先は、おそらくこの法則に支配されているのであり、元就や隆景の発言は、その証左であるように思われる。

⑤——金山と銀山、港湾と海運

信玄と金山

勢力圏の拡大が、狙ったものであったにせよ、思いがけないものであったにせよ、大規模な戦争にともなうものであることには変わりがない。信玄や元就が戦争を続けることができた、その経済的な裏付けは、どのようになっていたのだろうか。信玄には甲斐《かい》の金山《きんざん》、元就には石見《いわみ》の銀山《ぎんざん》があり、潤沢な金または銀に支えられていたのだ、というイメージもあるが、これは本当だろうか。

信玄の場合、甲斐にいくつかの金山▲があり、戦国《せんごく》時代に採掘が行われていたことまでは、いちおう事実であるといってよい。金山の跡地を発掘した結果と、文献史料にわずかに残る「金山衆」という文字が、そのことを指し示している。しかし、信玄が入手した金の量や、その使い道については、ほとんどなにもわかっていない。細かいデータが残っていないという意味ではなく、信玄が金山から金を手にいれていたこと自体が、まったく確認できないのである。

ちなみに、「金山衆」と呼ばれたのは、地元の土豪《どごう》であると考えられている。

▼**甲斐の金山**　黒川《くろかわ》金山(山梨県甲州《こうしゅう》市)がもっとも有名。ほかに湯之奥《ゆのおく》金山(山梨県身延《みのぶ》町)など。

彼らに関する材料を調べてみても、信玄に金をおさめた気配はまったくない。その一方で、彼らが農業・商業・軍事など、多角的に活動していたことはよくわかる。また、信玄が死んで数年後には、金がとれないからという理由で、彼らを経済的に救済する措置が講じられている。

　このような状況を勘案すると、信玄の時代には金がほとんどとれなくなり、「金山衆」はしだいに存在形態を変えつつあったのだと思われる。「金山衆」が「金山衆」でいられなくなるぐらいだから、信玄時代の甲斐の金山に、高い評価をあたえることはできない。信玄が金に支えられていたという見方は、おそらく成り立たないであろう。

元就と銀山

　これに対し、元就が銀に支えられていたことは、どうもそのとおりであるようだ。

　元就は、石見を制圧する過程で、本城常光《ほんじょうつねみつ》という地元の実力者を手なずけることによって、銀山▲をひとまずその手におさめた。しかし、この本城の勢力

▼**石見銀山**　十六世紀前半に博《はか》多《た》の商人神谷寿禎《かみやじゅてい》が開発し、それ以降、周辺の武将が争奪戦を展開したとされる。元就は銀を戦費にあてるほか、朝廷《ちょうてい》に献上もしている。世界でも有数の銀山であったとされ、ユネスコの世界遺産に登録されている。

龍源寺間歩《りゅうげんじまぶ》(石見銀山の坑道)

を、元就はすぐに武力で一掃してしまう。これは、銀山を直轄とするために、邪魔者を実力で排除したのであろう。銀山をがっちり確保した元就は、そこからえられる富を、すべて戦争のために使った。元就が死んだ直後、後継ぎの輝《てる》元《もと》に吉川元春《きっかわもとはる》・小早川隆景《こばやかわたかかげ》らが進言したもののなかに、次のような一節がある(『毛利家文書』八四〇)。

> 銀山については、元就様がお命じになったとおり、少しもほかの用途に使わず、戦さのためにお使いになるべきであります。

元就は、銀山からえられる富はすべて戦費にあてると、明確に定めていたのである。元就のこの姿は、一般に信じられている戦国大名《だいみょう》のイメージそのままといってよい。もっとも、採掘され、精錬された銀が、どのような回路をたどって武器や食糧に化けるのか、その辺りの具体的なことについては、必ずしもよくわかっていないようだが。

信玄の駿河侵攻と港湾・海運

戦国大名の経済を説明するとき、近年では金山や銀山よりも、物流とその拠

▼**駿河湾岸の港湾** 清水《しみず》・江尻《えじり》(ともに静岡県静岡市)など。

点、とくに港湾と海運に焦点をあわせることが多い。繁栄する港湾を掌握することが、戦国大名の重大な関心事であった、というのである。たとえば、信玄が駿河《するが》に侵攻したのも、駿河湾岸の港湾と▲、そこに結ばれた海運ルートがほしかったからだ、などと説明されることがある。しかし、この種の説明は、筆者にはどうも腑に落ちないのである。

信玄の駿河侵攻について考えてみよう。すでに述べたように、これは今川氏《いまがわうじ》真《ざね》とのあいだの政治的なもつれの産物であると、筆者は考えている。これに対し、信玄には早くから駿河を奪う考えがあり、政治的なもつれは絶好の口実となったのだ、という反論があるかもしれない。しかし、信玄は日記も残さず、心情を吐露した手紙も少なく、早くから駿河の奪取を考えていたことは、まず証明不可能であろうと思われる。港湾と海運が焦点であったことなど、なおさら証明がむずかしかろう。

駿河を奪ったあとについても、事情は同じである。駿河の港湾や海運について、信玄が特別に注意を払った形跡はみられない。伊勢《いせ》から水軍を招いた事実はあるが、海に面した地域を領有することになれば、その防衛のために水軍を整備する▲のは当然であろう。当時においては水軍と海運は不可分だ、という指摘を受けるかもしれないが、この武田水軍が残した文書（「小浜《おばま》文書」）をみても、合戦《かっせん》や軍事に関するものがめだち、海運に関係するものはけっして多くない。

直接的な証拠がないことを強調してしまったが、間接的な証拠もまた、筆者にはみつけることができない。たとえば、駿河を奪ってから甲斐の経済が目にみえてよくなった、などということもない。若いころの信玄は、駿河ではなくまず信濃《しなの》に進出したが、港湾と海運が大事ならこれはおかしいではないか、という疑問もある。さらに、甲斐の経済が、自前の港湾抜きでもそれなりに成り立ってきたことは、紛れもない事実であろう。

以上のように、問題となる点は非常に多い。信玄の駿河侵攻と港湾や海運を結びつけてよいかどうか、疑問を感じざるをえないのである。

厳島の戦いをめぐって

元就が陶晴賢《すえはるかた》を倒した厳島《いつくしま》の戦い▲についても、似たようなことがいえる。近年はやりの見方は、厳島が海運の拠点であり、商人や業者が集まる場所であっ

▼**水軍を整備する**　伊勢からは、水軍とは別の筋でも、船が招かれたようだ（『戦国遺文』武田氏編、四一〇七）。しかし、それが駿河制圧後まもなくの出来事であるとは断定できず、駿河侵攻について考える材料にはなりにくい。

▼**厳島の戦い**　一五五五（弘治《こうじ》元）年十月一日に行われた戦い。先に上陸していた晴賢の陣地を、後から上陸した元就が急襲、晴賢は島から脱出できず自刃したとされる。しかし、確実な史料は意外に乏しく、細部についてはさまざまな説がある。

水上の戦い(『戦国合戦図屏風』部分)　厳島に上陸するためには，元就も晴賢も水軍を動員したはずである。このような場面もみられたであろう。

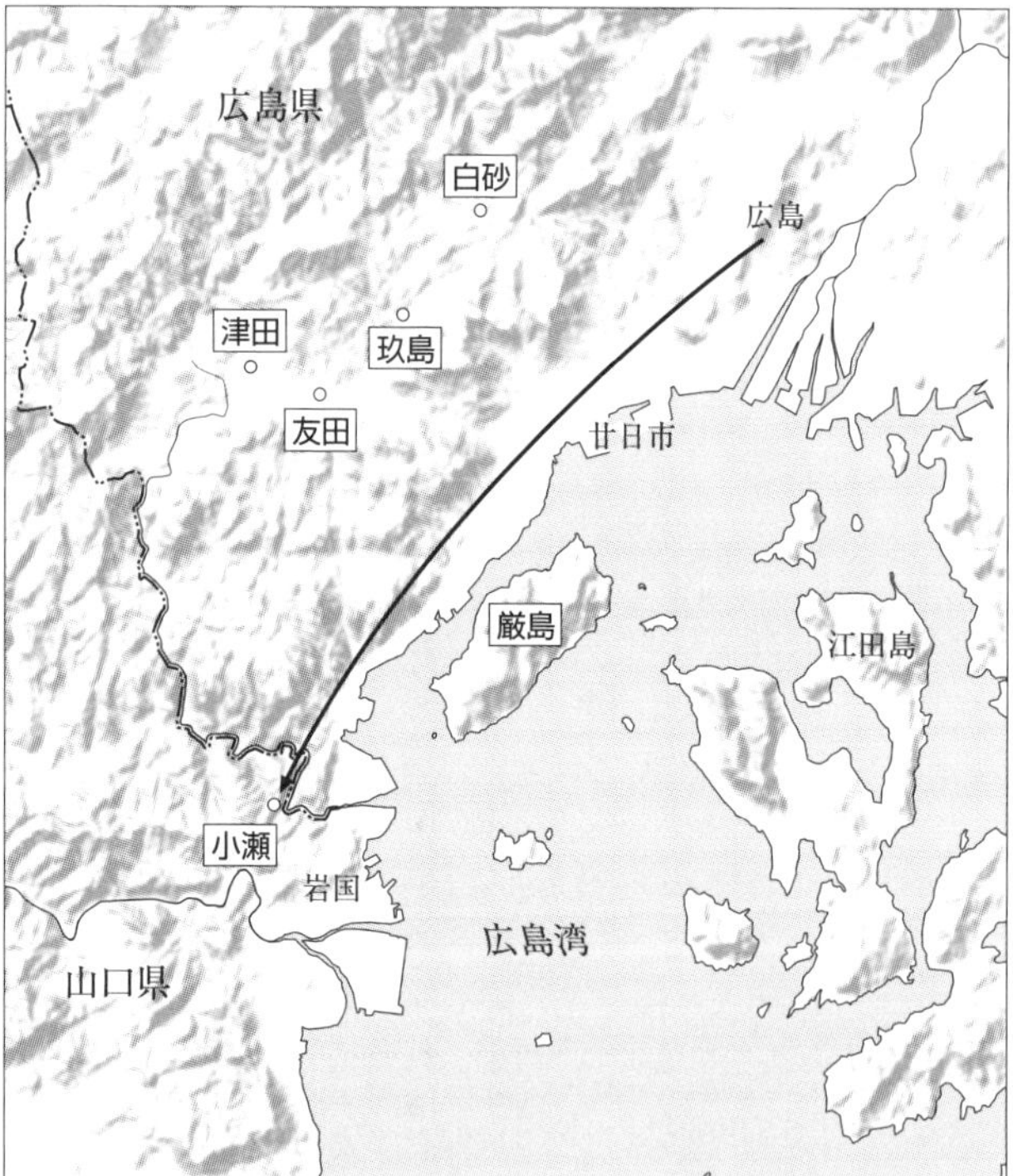

周防への進出　開戦と同時に，元就は岩国に近い小瀬《おぜ》まで進出した。その通路は，山里一揆と厳島に挟まれた細い線にすぎない。

たことを重視して、元就と晴賢は厳島の繁栄を奪い合ったのだと説明する。しかし、筆者としては、もっと簡単な説明で差しつかえないように思う。

元就が晴賢と戦う、つまり西へ進むためには、前ページ下図のように、安《あ》芸《き》から周防《すおう》にいたる海岸沿いの通路を確保しなければならない。事実、元就は戦端を開くと同時に、今日の地名でいえば広島から廿日市《はつかいち》をへて岩国《いわくに》まで進出した。この場合、通路の側面も制圧しなければ、通路が通路として十全に機能しないことはいうまでもない。そこで元就は、まず通路の右手に広がる丘陵地帯、そこには山里一揆《やまざといっき》▲と呼ばれる土豪たちが頑張っていたが、彼らを味方に引きずり込んだ。次に焦点となるのが、通路の左手、狭い海を隔てるだけの厳島である。元就は厳島を制圧しようとし、晴賢は阻止しようとする。これが厳島の戦いの本質であろう。とにかく目の前の戦いに勝たなければ話にならないのだから、元就も晴賢も、まずは軍事上の必要に突き動かされて行動したことと思う。

▼山里一揆　白砂《しらさご》(広島県広島市)・玖島《くじま》・津田《つだ》・友田《ともた》(いずれも同県廿日市市)などといった村々の土豪たちは、連携して元就の進出に抵抗した。これを山里一揆と呼ぶ。元就はまず白砂村を味方につけ、村々の連携を分断する戦術で制圧した。

港湾の「掌握」とは

そもそも、「港湾を掌握する」「繁栄を奪い合う」という表現は、具体的な内容としては、どのようなことを想像すればよいのだろうか。まず、そこに出入りする商人や業者とのあいだに一定の関係を成立させ、大名のさまざまな活動に協力させることが考えられる。いわゆる御用《ごよう》商人である。また、彼らのもうけの一部を上納させることも、あるいは考えてよいかもしれない。しかし、基本的には、彼らは自律的な営業活動を続けたはずである。つまり、彼らのもうけは彼ら自身のものであって、大名の懐に転がり込むわけではない。繁栄する港湾を「掌握」しても、大名が大きく潤うことにはならなかったと思われる。

商人や業者が港湾に出入りすることそのものに対する課税、いわゆる関銭《せきせん》▲の徴収が、「掌握」の狙いであったともいわれる。しかし、ある港湾を勢力圏におさめても、そこで徴収されていた関銭が、すべて懐にはいるとは限らず、以前からの徴収者がそのままおかれた場合もあったはずだ。また、懐にはいる場合でも、その収入は必ずしも大きなものではなかった▲ようだ。

このように考えると、港湾の「掌握」によってえられる効果は、⑴動員できる

▼**関銭**　中世においては、港湾にも陸上の要所にも、多数の関所《せきしょ》がおかれていた。これらは、船舶や通行人を検査するためのものではなく、むしろ入港料・通行料を取り立てるためのものであった。その入港料・通行料を、当時このように呼んだ。

▼**大きなものではなかった**　後出の赤間関で五〇〇貫《かん》(『萩藩閥閲録』三、一四四ページ)、出雲の美《み》保関《ほのせき》(島根県松江《まつえ》市)でも五〇〇貫余り(『広島県史』古代中世資料編Ⅱ、一二九八)という数字が知られている。石見銀山からの収益は、四万五〇〇〇貫ほどもあった(『毛利家文書』三四六)。

関銭の徴収（『富士曼荼羅《まんだら》図』部分）

船舶がふえる、⑵物資や資金の調達窓口がふえる、の二点につきるのではないかと思われる。そして、「掌握」の効果がその程度であったとすれば、それを戦国大名が重大な関心事としたかどうか、再考の余地が生まれてくるのではないだろうか。繁栄する港湾の奪い合いが厳島の戦いの本質であったという見方には、やはり納得することができないのである。

ただし、大名が大きく潤うことにはならなかったとしても、当面する戦さのための体制作りという点では、⑴や⑵はきわめて重要だったはずである。そもそも、繁栄する港湾は、軍事上の要地である場合が多い。すでにふれた厳島のほか、関門《かんもん》海峡に面した赤間関《あかまがせき》（山口県下関《しものせき》市）もそうである。戦国大名は、軍事的な観点から、港湾の掌握と維持に力をそそいだ、ということであれば、筆者にもよく理解できる。

瀬戸内海側について述べたついでに、日本海側についてもふれておこう。日本海側で栄えた港湾としては、出雲《いずも》の杵築《きづき》（島根県出雲市）をあげることができる。この地では、坪内《つぼうち》という商人が、同業者を代表する地位を占めていた。元就は、出雲に進出すると、坪内氏の地位を確認するお墨付きをあたえている。

また、尼子《あまこ》氏再興運動を展開して出雲を席巻《せっけん》した尼子勝久《かつひさ》▲も、同じようなお墨付きをあたえている（「坪内家文書」九月三日小倉元悦奉書《ほうしょ》・十一月四日勝久重臣連署《れんしょ》書状）。これらの事実は、どの大名も等しく杵築を重視した、という言い方で説明されているようだ（池享『知将毛利元就』）。

しかし、戦争や政変で領主の交代が起こったとき、地位や権利を有する人びとが、その確認を求めて新しい領主のもとに走ることは、きわめて普遍的な現象である。つまり、元就や勝久は求めに応じただけのことで、杵築をことさらに重んじたわけではない、という言い方もできるのである。もちろん、求めに応じているのだから、そこに一定のメリットをみいだしていたのだろうが、杵築の商業に深く手を突っ込んだわけではまったくない。坪内氏またはそれにかかわる者をすべて排除し、みずから営業活動を展開する形をつくったのであれば、それはまさに杵築を重視し掌握したことになるだろうが、実情はそうではないのである。勝久などは、杵築に対し、いわゆる守護不入《しゅごふにゅう》▲を認めてすらいる（「坪内家文書」十一月三日北島豊孝ほか連署書状）。戦国大名と港湾との関わり▲については、落ち着いてみつめなおす必要があるように思えてならない。

▼尼子勝久　一五五三〜七八年。元就が滅ぼした出雲の尼子氏の一族。一五六九（永禄十二）年、出雲に乗り込んで旧尼子家臣《かしん》を集め、元就に脅威をあたえたが、まもなく勢いを失って敗退。織田信長《おだのぶなが》に頼って再起を試みたが、これも成功せず、命を落とす結果になった。

▼守護不入　守護使《しゅごし》不入ともいう。地域の支配者（守護など）による干渉（使者の立入り）を、拒否することができる権利。守護不入の承認は、従来の秩序を変更せず、最大限に尊重することを意味する。

▼港湾との関わり　元就については、対外貿易の実績を認める意見も多いが、実際には断片的な史料がいくつか残っているにすぎず、本格的に行われたかどうか疑わしい。

⑥——将軍との接し方

恭順の意を表する

信玄や元就の時代は、まだ室町幕府《むろまちばくふ》の将軍が、まがりなりにも健在であった。幕府や将軍に対して、彼らはどのような考えをもち、どのような態度をとったのだろうか。

信玄と幕府・将軍との関わりを追ってゆくと、二度にわたって興味深いシーンがあらわれる。もっとも、そのいずれも、筆者が発掘してここで紹介しようとするものであり、その意味では、「埋もれていた名場面」と呼ぶべきものである。

一つ目の名場面は、次の材料にあらわれている。信玄が、十一月二十八日付で、十三代将軍足利義輝《あしかがよしてる》▲に届けた、箇条書きの手紙の一部である（「神田孝平氏所蔵文書」）。

(1)この夏の（私の）越後《えちご》攻めが、上意《じょうい》を軽んずるものと受け取られていることを知り、まったく驚きました。すでに去るころ、（私を）信濃《しなの》の守護《しゅご》▲に任命

▼**足利義輝**　一五三六〜六五年。全国を統治する将軍として、武田と上杉、毛利と尼子など、対立を続ける各地の大名に接触し、講和をうながすことに尽力した。しかし、実効性は乏しく、自身も畿内《きない》の政争に巻き込まれ、京都の本圀《ほんこく》寺《じ》で最期をとげた。

▼**守護**　幕府が国ごとに設けた地位で、有力な武将《ぶしょう》を任命、その国の軍事・警察などにあたらせたもの。時代がくだるにつれて、本来の職分を超えた、私的な支配が行われるようになった。戦国《せんごく》時代には順序が逆転し、実力で獲得した領域の支配を追認または正当化するため、この肩書が利用される場合があった。

足利義輝画像

▼順序立てて　実際には「この夏」の次にさらに「このたび」で始まる文章があり、四段構えで整然と書かれている。

するとの御内書《ごないしょ》を、たしかに頂戴しております。そうであれば、誰からも（信濃に対する）侵害を受けるはずのないところ、上杉謙信《うえすぎけんしん》は二度にわたって信濃に火を放ちました。

(2)去年、武田・上杉の和睦《わぼく》を仲介するため、京都から使者が到着されたので、自分は戦さをとめたのに、謙信は仲介を受け入れないでおいて、その間に信濃に火を放ちました。

(3)その報復として私は（この夏）越後を攻めたのであって、いささかも上意を軽んずるものではありません。

何年に書かれた手紙なのか、特定することができないのだが、署名が「信玄」ではなく「晴信《はるのぶ》」となっているから、彼がまだ俗人であった時代のものである。俗人時代のもっとも末に書かれたとすれば、一五五八（永禄《えいろく》元）年ということになる。ひとまず、この年に書かれたものと仮定して、話を先に進めよう。

信玄は、この手紙を通じて、「この夏」の越後攻めの性格を、義輝に説明している。「去るころ」「去年」そして「この夏」というぐあいに、順序立てて▲書き記しているようにみえる。具体的な年次をあてはめ、起こった出来事を整理すると、次のようになる。

去るころ　一五五五(弘治《こうじ》元)年前後
　信玄、守護に任命される。謙信、二度にわたって火を放つ。
去年　一五五七(弘治三)年
　信玄、仲介を受け入れる。謙信、仲介を受け入れず、火を放つ。
この夏　一五五八(永禄元)年
　信玄、謙信に報復する。

これに従えば、信玄が信濃の守護に任命されたのは、一般に考えられている一五五七年より、少しさかのぼることになる。その場合、任命の契機になるような事件を、当該の時期にみいだすことができるだろうか。ただちに想起されるのは、まさに一五五五年に信玄と謙信のあいだで戦われた、いわゆる川中島《かわなかじま》の戦い▲である。この戦いの勝敗を、明確に物語る材料は残っていないが、信玄が川中島方面を放棄するようなことは起きていないから、少なくとも信玄の大敗ということはなかったはずだ。だとすれば、この戦いを契機として、信玄を

▼**川中島の戦い**　信濃北部の各地における信玄と謙信の戦いを、一括してこの名で呼ぶことが多い。一五五三(天文《てんぶん》二十二)年から六四(永禄七)年までのあいだに、五回にわたって行われたとされる。一五五五(弘治元)年の戦いは二回目の戦い。七月十九日に文字どおり川中島(長野県長野市)で行われた。

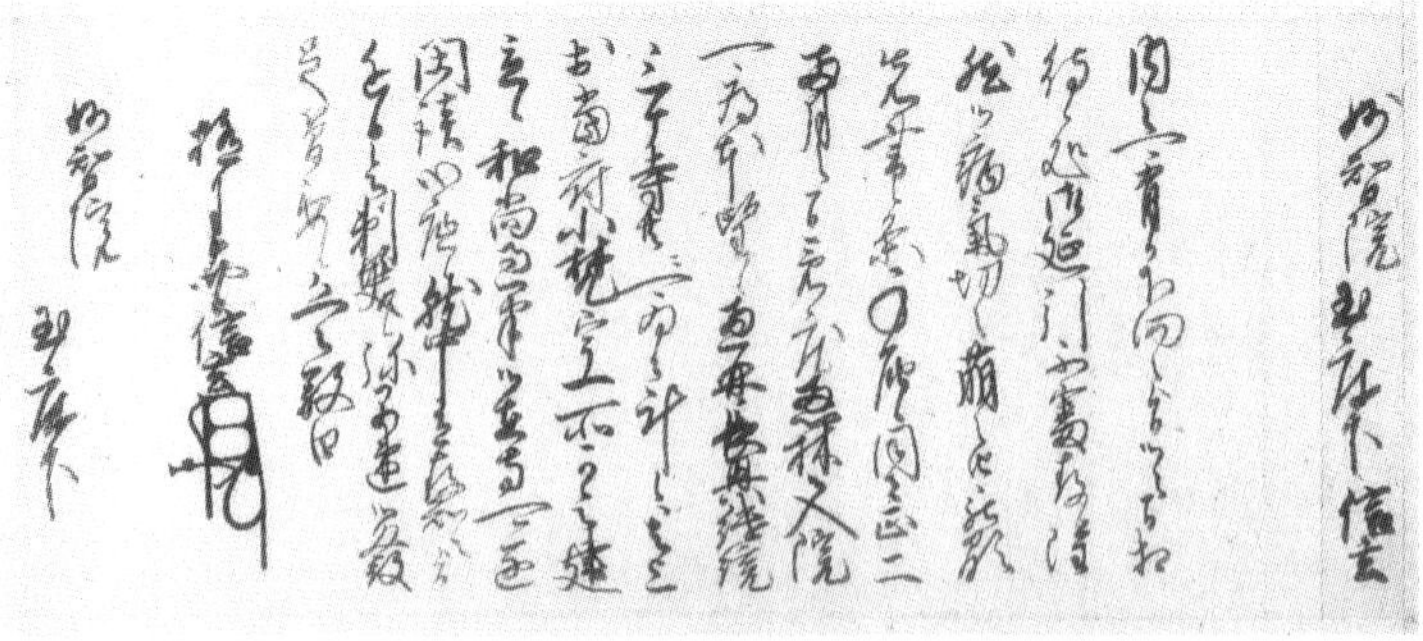

武田信玄書状（京都に届けた手紙）

信濃の守護として認める機運が高まり、あるいは信玄が認めてもらうための運動を展開し、そしてそのとおりになったことは、十分に考えられるのではないだろうか。一五五八年を起点として、「去年」「去るころ」を考えてゆくと、なかなかよく辻褄《つじつま》があうのである。ということは、当初の仮定―手紙は一五五八年に書かれた―が、かなりの確からしさをおびてくる。

ところで、信玄が義輝に越後攻めの性格を説明したのは、いうまでもなく単なる説明ではない。上意を軽んじた振舞いではないことを、必死に訴えたのである。つまり、一五五八年十一月、信玄は義輝に睨《にら》まれ、まずい状況に追い込まれていたのである。そして、その翌月に、信玄は出家《しゅっけ》した。これは、義輝に恭順の意を表するための行動、と理解するのが妥当であろう。出家の直後、京都に届けた手紙▲（極月〈十二月〉十四日付）のなかで、信玄は、

　思うところがあって、最近剃髪しました、

と述べている（『山梨県史』資料編5、二六一七）。その「思うところ」とは、個人的な信仰などではなく、政治的な判断であったのだと筆者は考える。信玄の出家の理由については、必ずしも明快には説明されてこなかった。その点、筆者の

説明は、それなりに筋がとおっているように思うのだが、いかがだろうか。かりに、この説明があたっているとすれば、信玄は、将軍との対立を緩和するために頭をまるめることまでした、つまり、将軍との対立を避ける気持ちが強かった、という話になってくる。

足利義昭との対立

二つ目の名場面は、次の材料によって示される。信玄が十五代将軍足利義《よし》昭《あき》▲に届けたメモである（『山梨県史』資料編5、三〇六五）。書かれたのは、信玄が今川氏真《いまがわうじざね》を倒すために駿河《するが》に攻め込んだ、その直後であると思われる。

(1)駿河において、一万疋《ひき》相当の土地を、御料所《ごりょうしょ》として献上します。

(2)息子の四郎（勝頼《かつより》）に、（将軍様のお名前の）一字を頂戴したい。

(3)「当出頭《とうしゅっとう》の人」から、（私と）境を接する大名《だいみょう》に届ける手紙の文章に、将軍様が指図なさったそうですが、これについての所存を使者が口頭で申し上げます。

(4)相模《さがみ》・越後の両国から（やって来る者が）、いろいろと将軍様の前で、私の

▼**京都に届けた手紙**　義輝宛ではなく、天竜《てんりゅう》寺《じ》妙《みょう》智《ち》院《いん》の策彦《さくげん》周良《しゅうりょう》という高僧宛だが、義輝に伝わることを期待したのではないだろうか。戦いの末に降参するのではなく、それとなく恭順の意を表するのだから、このような伝え方がむしろ好ましかったのかもしれない。

▼**足利義昭**　一五三七〜九七年。室町幕府の最後の将軍。十三代将軍足利義輝の弟。出家の身であったが、横死した兄の後を継ぐことを志し、織田信長の後援をえて実現させた。やがて信長と不和になり、京都から出奔《しゅっぽん》して各地に寄寓、幕府は事実上滅亡した。

悪口をいうそうですが、今後はご分別いただきたい。

信玄に攻め込まれた氏真や、氏真に味方する北条氏康《ほうじょううじやす》・上杉謙信は、信玄に非があることを訴える、一種のロビー活動を、京都において繰り広げたのであろう。そんなものには耳を貸さないでいただきたい、と述べているのが(4)である。また、(2)では、名前の一字の授受が主題になっているが、これは主人が従者に授けるものである。義昭が一字を授ければ、相手を従者であると確認したことになり、相手側からみれば、一字を受けるのは、義昭を主人としてたてまつり、恭順の意を表することにほかならない。それを信玄は望んでいる。つまり、ここでも、将軍との対立を避ける気持ちを、強く示しているのである。なお、(1)が、将軍に付届けをして、ご機嫌をとろうとしたものであることは、指摘するまでもなかろう。

(3)は難解だが、「当出頭の人」▲というのは、義昭を奉じて天下をとった、織田《おだ》信長《のぶなが》をさしていると考えられている。信玄が、駿河に攻め込むにあたって、信長を味方につけたことを、思いだしていただきたい。信長は、信玄を支援する▲立場から、信玄と境を接する大名たち、つまり北条氏康や上杉謙信に対し、信

織田信長画像

▼**当出頭の人**　当は「現在」。出頭の人は「将軍などのそばで政務にあずかる人」。一五六九(永禄十二)年前後の織田信長は、まさにこれに該当する。

▼**信玄を支援する**　この直前、信玄は信長に対し、自分のために動いてくれるように依頼している(『山梨県史』資料編5、二四四四)。その依頼を待つまでもなく、信長も信玄のために動いたのである。

玄には非がないとする手紙を、送りつけようとしたのであろう。ところが、氏康・謙信のロビー活動に影響された義昭は、それに待ったをかけ▲ようとした。その事実を信玄は知って（信長から通報されたのであろう）、義昭に抗議を申し込んだ。これが⑶の正しい解釈であると思われる。信玄と義昭とは、早くから手をくんでいたというイメージが強いが、少なくともこのメモの時点では、両者ははっきり対立▲していたのである。

その対立を緩和し、将軍に対して従順であろうとすることが、このメモの時点での、信玄の考え方であったといえる。一つ目の例とあわせて、信玄が将軍との関係の悪化を好まなかったことは、かなりはっきりしているように思われる。もちろん、それは政治的な判断としてであって、信玄が心の底から将軍を畏れていたとは、筆者もそうは思わないが。

上意に背いてもかまわない

元就と幕府・将軍との関わりは、信玄の場合と比べると、はるかにドライであったようだ。足利義輝の仲介で、尼子《あまこ》氏との和睦《わぼく》が成立したとき、わずか半

▼**待ったをかけ**　この九カ月後、義昭が独断で諸大名に連絡してはならないことが、信長とのあいだで取り決められている（『織田信長文書の研究』上、二〇九）。諸大名との接触をめぐって、混乱がおこっていたことがうかがえる。ここで取り上げた信長と義昭の動きは、まさにそのひとこまといえよう。

▼**両者ははっきり対立**　信長と義昭の関係も円滑ではない。しかし、義昭が早くから反信長の線で動いたとは、必ずしもいいきれない。むしろ、朝倉義景や、信長と断交したのちの信玄が、義昭を反信長の方向に動かした、と評されている（『伊達家文書』二九二）。義昭の策動を重視する通説は、見直しの余地が大きい。

年ほどで、毛利側からそれを破った例がある。また、長男隆元《たかもと》の、次のような意見も知られている（『毛利家文書』七二九）。

（将軍の仲介による）和睦協議を蹴った場合に起こる状況について

自国でも他国でも、毛利は上意をも軽視して協議を蹴った、と取沙汰《とりざた》するだろうが、これは一向にかまわない。上意に背いてでも、家を維持しないことには、どうにも仕方がない。以前にも、そのようなことは、たびたびあった。

両者のこのような違いは、どこから生まれたのだろうか。筆者にはうまく説明することができない。両者の家柄の違い――武田は古くからの守護だが、毛利はそうではない――を、指摘することができる程度である。もっとも、すでに述べたように、信玄の態度は一種のポーズだろうし、元就が嫡孫の輝元《てるもと》のために、義輝の「輝」を貰い受けている事実もあるから、両者の実質的な違いは小さいというべきかもしれない。

⑦——家臣を従える

起請文を書かせる

③章で述べたように、信玄や元就の、周囲の人びとに対する存在感には、絶大なものがあった。そこには、本人はなにもしないのに人がよってくる、という部分もあったのだろうが、もちろんそれだけではなかったはずだ。信玄や元就の側からも、機会をとらえては、家臣《かしん》たちの忠誠を確認する作業が行われていた。

信玄は、上杉謙信《うえすぎけんしん》との戦いを前にして、二〇〇人を超える家臣たちから、起《き》請文《しょうもん》の提出を受けている（『山梨県史』資料編5、一三五一以下）。信玄に対する忠誠と、戦場での活躍を、誓ったものである。また、そこには、

これまでに提出した数通の起請文（の趣旨）に、今後とも背くようなことはいたしません、

という文言もあり、起請文の提出がこのときだけではなかったこともわかる。

起請文は、全員で一通ということではなく、一人から数人を単位として、八

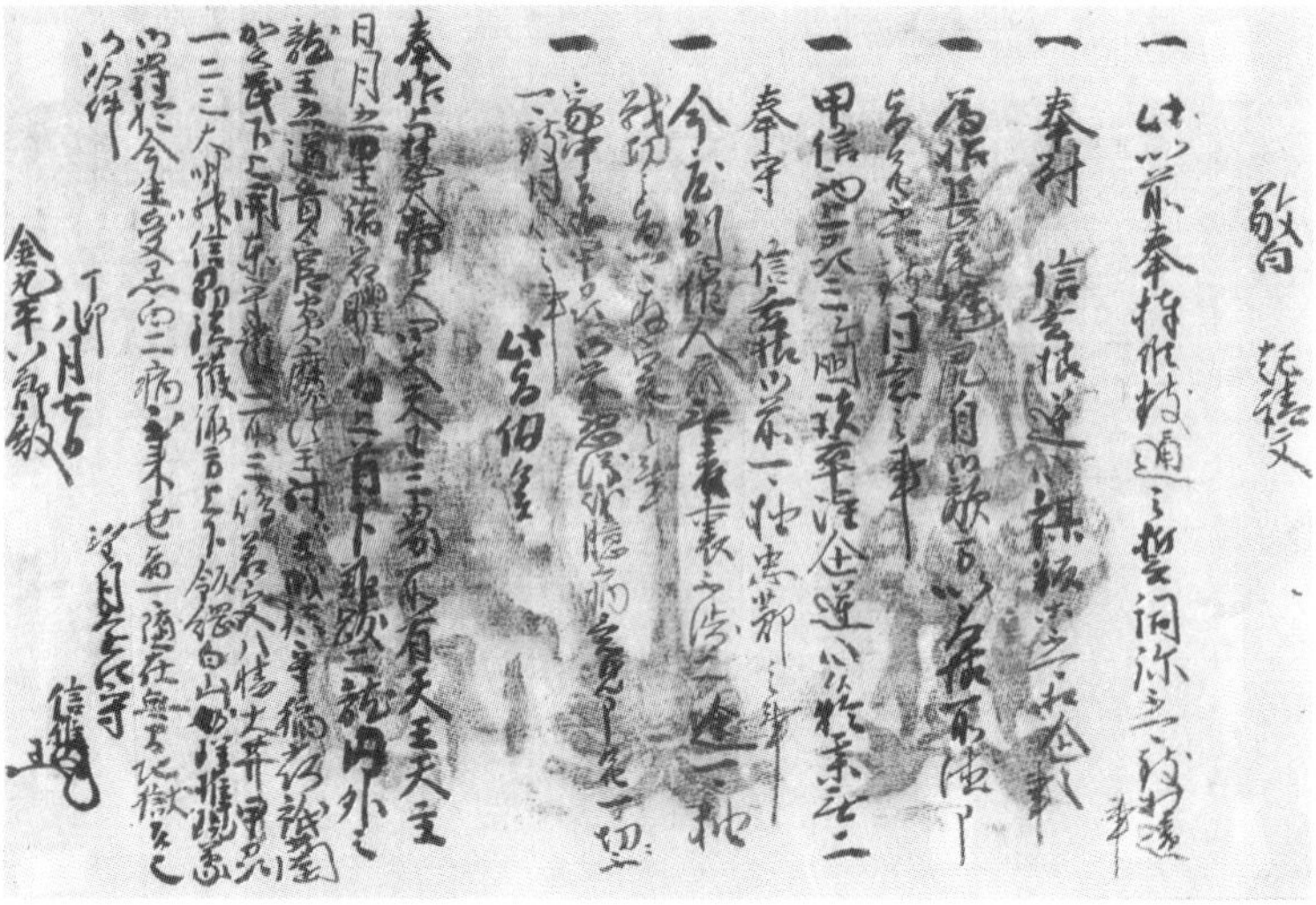

信玄に提出された起請文（永禄10〈1567〉年８月７日付）　これは望月信雅という家臣が提出したもの。神仏の力がこめられた紙（牛玉宝印《ごおうほういん》）の裏面に書かれている。

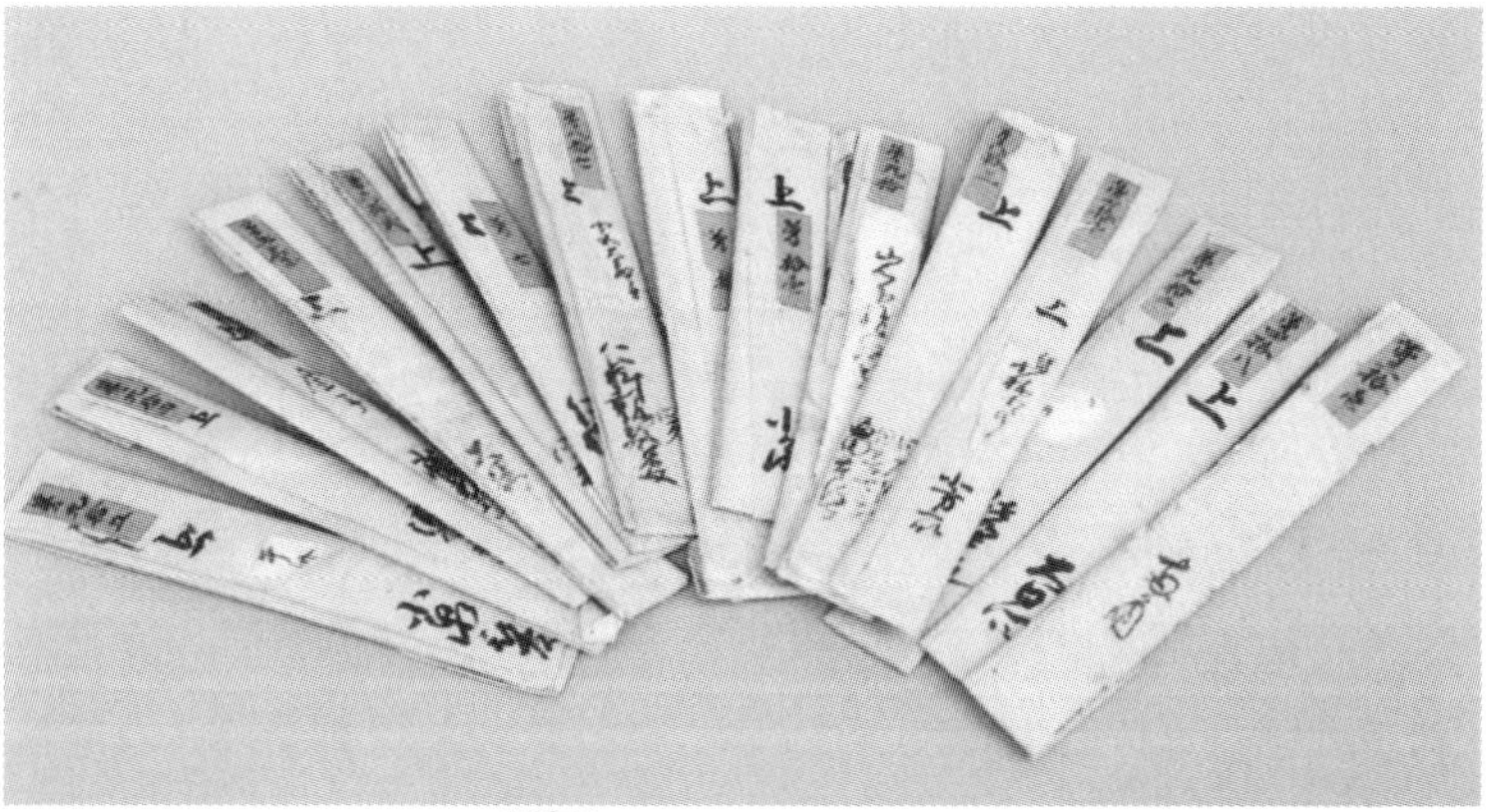

起請文の包み紙　いずれも「上《たてまつる》」と記されている。目下の者から目上の者に差しだすことを示す。この起請文の性格がよくあらわれている。

○通が作成、提出されている。それらに用いられた紙は、大きさや種類にばらつきがあり、作成の日付が異なるものもみられる。その一方で、文章のばらつきは小さく、どれもほぼ同じ文面になっている。おそらく、「このとおりに書け」という雛形があちこちに送付され、家臣たちがそれぞれに清書したものを、今度は甲府《こうふ》▲に送り返させ▲たのであろう。このようなことが、一度ならず行われたというのだから、武田当局の事務量は、たいへんなものであったと思われる。

書類に用いる紙については、次のような事実もある。信玄は、ある時期に、発行する書類の作り方を、はっきり切りかえ▲ている。具体的にいえば、「折紙《おりがみ》」から「竪紙《たてがみ》」に切りかえたのである。それぞれがどのようなものであるかは、次ページ写真を参照していただきたい。「竪紙」のほうが立派にみえるから、受け取った者はよりありがたく感じたのではないだろうか。信玄が切りかえを行ったのは、信玄と長男義信《よしのぶ》の対立に端を発する一部の家臣の不服従が、まだくすぶっていた時期にあたっている。書類の作り方の変更は、この事態を処理し、また再発を防ぐために、信玄がより強い態度で家臣たちに接することにした、その現れではないかと、筆者は考えている。

▼甲府　ここまでふれる機会がなかったが、いうまでもなく信玄の本拠地である。信玄の館の跡（武田神社）には濠《ほり》や土塁《どるい》が今も残っている（本扉上写真参照）。

▼送り返させた　起請文の宛先は、いくとおりにも分かれる。複数の担当者が分担して、雛形の送付と起請文の回収にあたったのであろう。

▼切りかえ　書類の差出書を、信玄本人から担当奉行《ぶぎょう》の名前に切りかえることも、同時に行われている。信玄は高みにのぼり、書類の受取人からはみえなくなったのである。

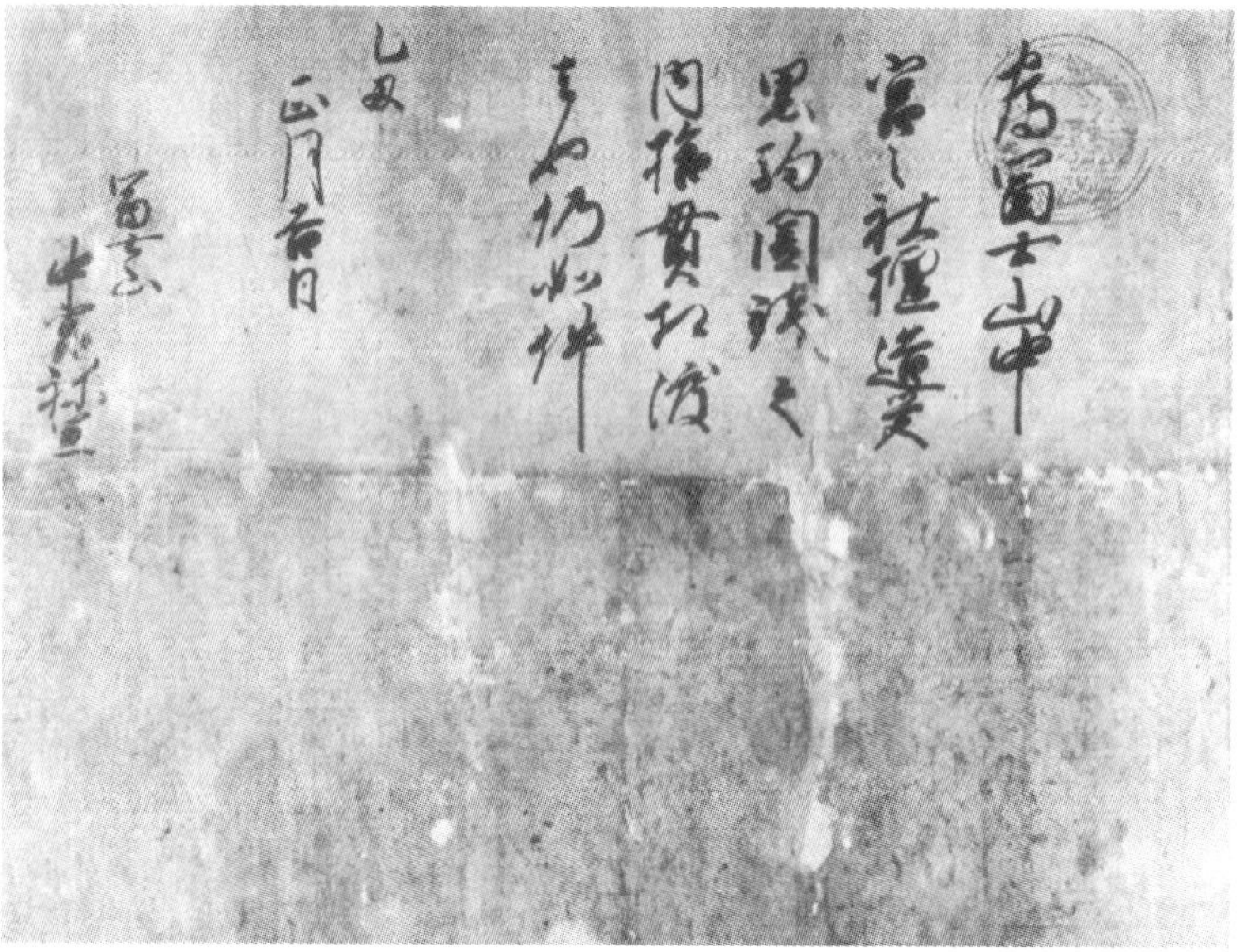

折紙(永禄 8〈1565〉年正月吉日付)　まず紙を半分に折り，折目を手前にして文章を書く。横長で小さめの書類ができあがる。写真は折目を開いた状態だが，本来は折ったまま取り扱われる。

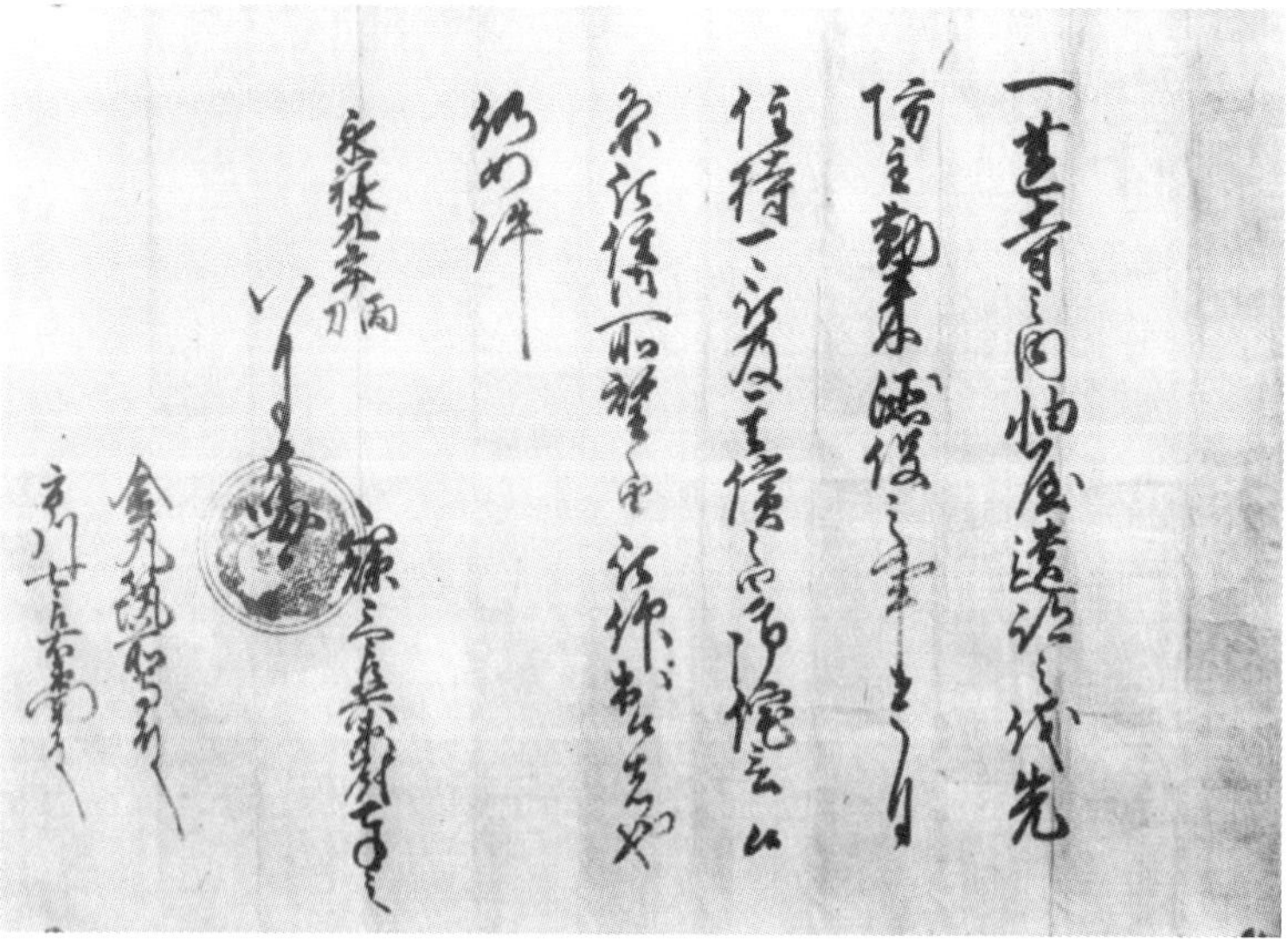

竪紙(永禄 9〈1566〉年 8 月晦日付)　紙面をいっぱいに使って大きく書く。折紙の冒頭，および竪紙の日付部分に捺されているのは，信玄が用いた龍の文様の朱印《しゅいん》である。

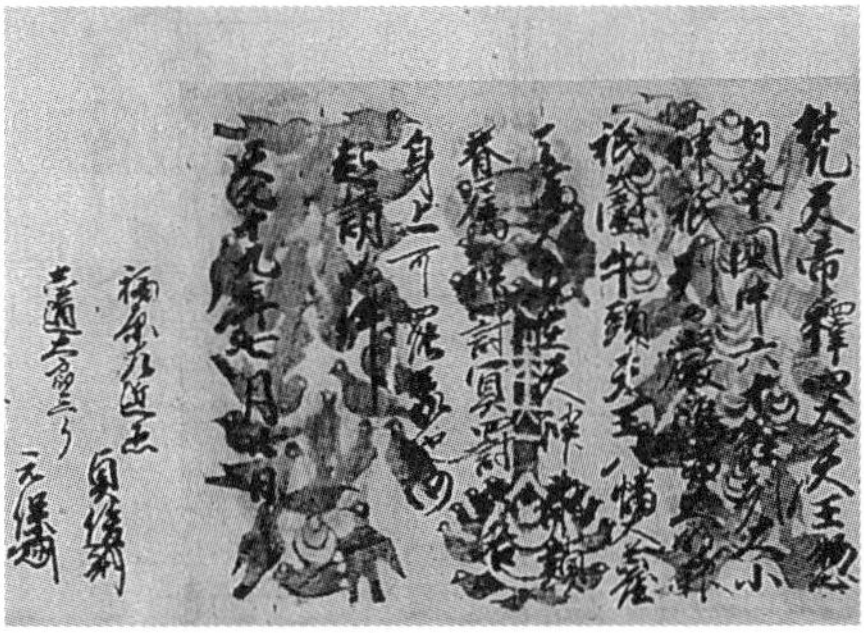

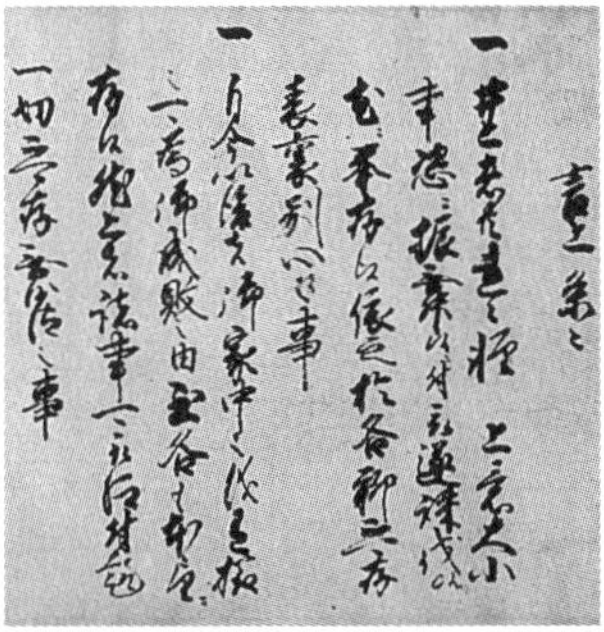

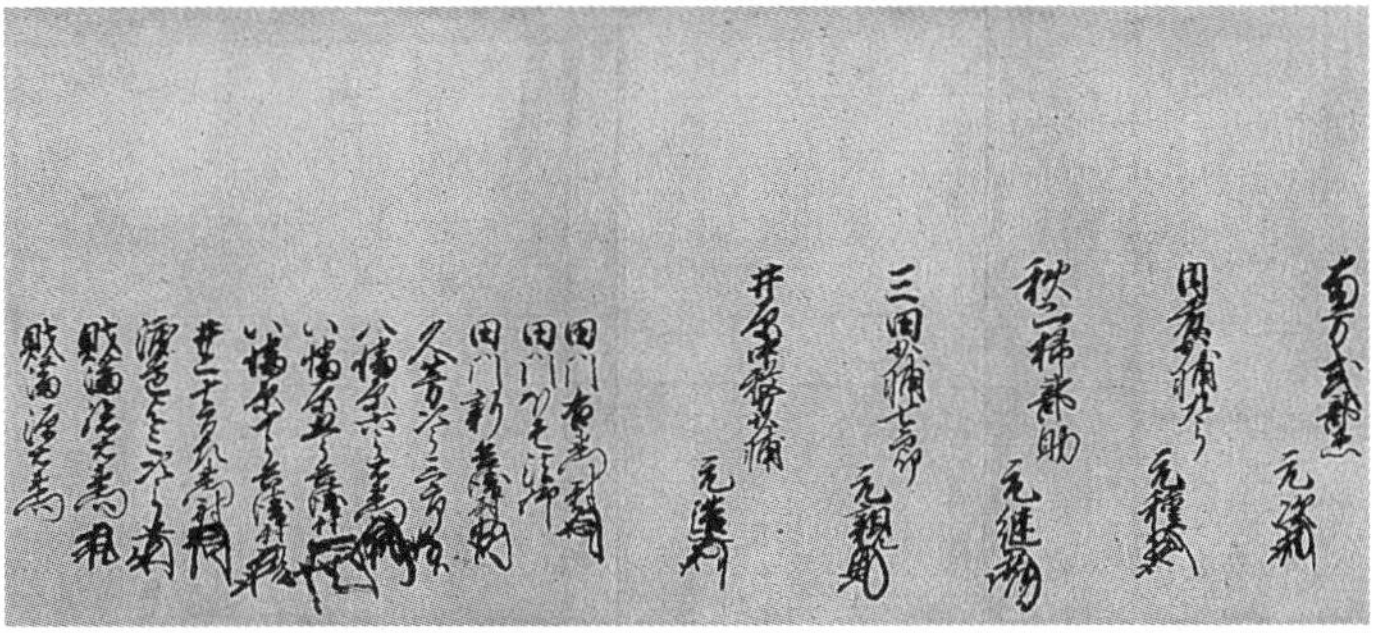

元就に提出された起請文（天文19〈1550〉年７月20日付。右上：冒頭部分，左上：年月日部分，下：署名部分）　全長は10m余りに達する。幹部家臣はゆったりと，一般家臣は詰めて署名している。

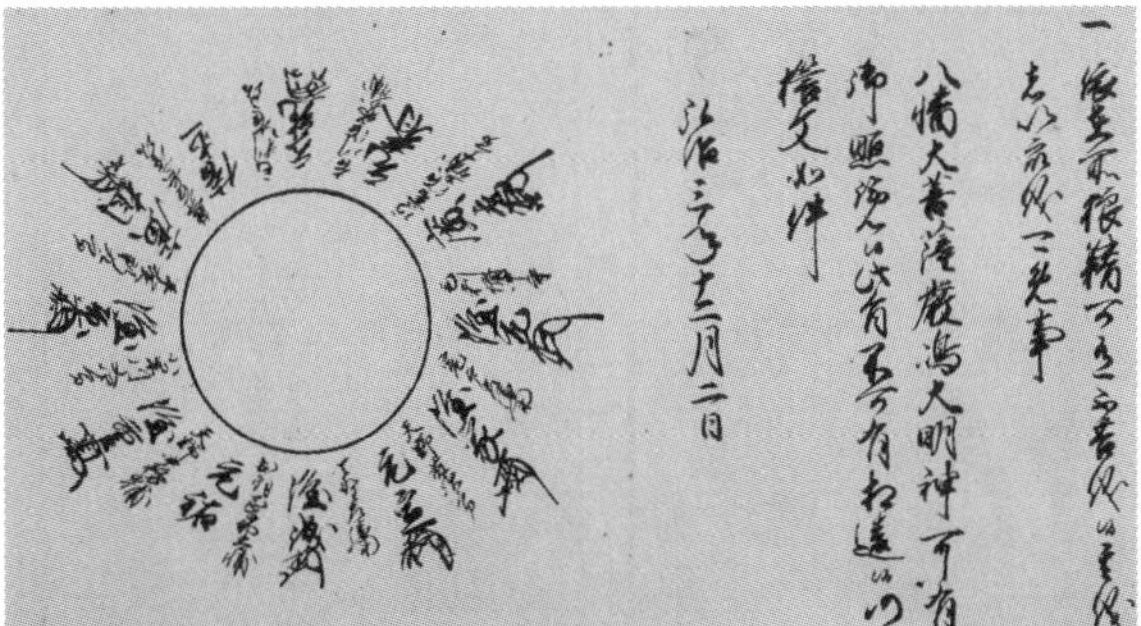

（中略）

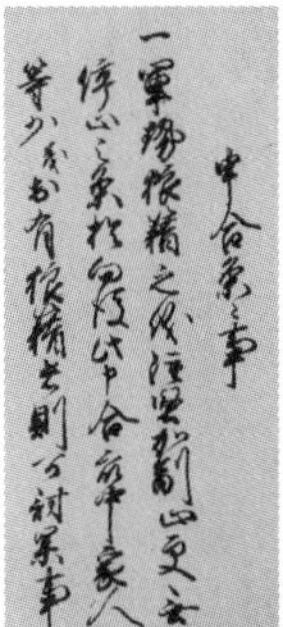

傘連判（弘治３〈1557〉年12月２日付）　隆元・隆景もそれぞれ３時，９時の位置にいる。元春ほか数人は，元就から離れて行動中であったらしく，花押《かおう》が書かれていない。

元就の場合は、一群の不良家臣をいっせいに殺害▲した直後、二〇〇人を超える家臣たちから、起請文の提出を受けている(『毛利家文書』四〇一)。元就の行為を是認し、今後の忠誠を誓ったものである。信玄の場合とは異なり、こちらは全員で一通である。何枚も紙を継いで、家臣たちの署名がひたすら続いているのだが、これはどのようにしてつくったのだろうか。全員が一堂に会したのだろうか、それとも持回りで署名を集めたのだろうか。いずれにせよ、信玄の場合に劣らない、たいへんな作業であったと思われる。信玄も元就も、かなりの苦労をしながら、家臣たちの忠誠を確認していたのだといえる。もちろん、本人たちが事務に携わるわけでは、なかっただろうが。

傘連判の意味

元就とその家臣との関係をめぐっては、安芸《あき》・備後《びんご》の国衆《くにしゅう》▲たち(ここまでは「豪族」と表現してきた)の場合が、しばしば俎上に載せられる。①章で述べたように、彼らは元就の周辺でそれぞれ一定の勢力をふるっていたが、それを維持したまましだいに元就に従うようになった。古くから毛利家に仕えてきた、規

▼不良家臣をいっせいに殺害
一五五〇(天文《てんぶん》十九)年七月十二日、元就は井上元兼《いのうえもとかね》ら三〇人余りの家臣を粛清した。元就によれば、彼らは会議や行事に出席しないなど、不遜な態度を長年にわたって続けたという(『毛利家文書』三九八)。

▼国衆　どの大名《だいみょう》でも、家臣たちの出自は一様ではなく、数種に分類することができる。国衆は近世大名の分類でいえば外様《とざま》大名に相当する。鎌倉《かまくら》時代以来の由緒正しい名門である場合が多い。

模もあまり大きくない、家中《かちゅう》▲と呼ばれる家臣たちとは、一線も二線も画する存在である。そのため、元就は国衆の統制に非常に苦労した、という定説ができあがっている。

定説の根拠の一つが、③章でも取り上げた、元就の次のような発言である(『毛利家文書』四〇六)。

　毛利のことをよく思う者は、他国についてはいうまでもなく、地元の安芸(の豪族たち)にも一人もいないであろう。

国衆などというものは、いつ叛旗《はんき》をひるがえしてもおかしくない、というのである。しかし、元就のこの種の発言に、オーバーなところがあると思われることは、まさに③章で述べたとおりである。少しのちのことだが、吉川元春《きっかわもとはる》と小早川隆景《こばやかわたかかげ》が、

　国衆は、元就から深く御恩を受けており、そのため、意外なほど、毛利家のために力をつくしてきた、

という意味の発言をしている事実もある(『毛利家文書』八四四)。「よく思う者は一人もいない」という元就の発言をもって、彼が国衆の統制に苦労したと結論

▼**家中**　近世大名の分類でいえば譜代《ふだい》大名。各種の奉行などに任じられ、実務官僚として働く者が多くでた。

づけることは、あまり適切ではないように思われる。

定説のもう一つの根拠は、元就と国衆が、次のような申合せをしていることである(『毛利家文書』二二六、六九ページ下写真参照)。

(1)兵たちが狼藉を働く件については、この申合せのメンバーの兵が、少しでも狼藉を働いた場合は、即座に討ち果たすこととする。

(2)場所によっては、狼藉が許されることもある。その際は、衆議によって、前項の適用免除を決定する。

内容がどうのという以前に、特異な署名の仕方が、まず目に飛び込んでくるだろう。これは傘連判《からかされんぱん》といって、メンバーのあいだに序列がなく、たがいに対等であることを強調したものと考えられている。このことから、元就と国衆は横並び▲であった、つまり、元就は国衆を従えきれていなかった、という結論が導かれる。

しかし、写真をよくみると、元就がもっともめだつ位置、時計の十二時の位置に署名していることに気づく。また、この申合せが毛利家に伝わっていることは、元就がこれを受け取ったことを示唆している。国衆が元就に提出した、

▼**横並び**　武士や農民、特定の宗教の信徒などが、ある目的のために対等の資格で寄り集まること、またはその集団を「一揆《いっき》」という。国衆たちが横並びで寄り集まった状態を、専門家はしばしば「一揆的結合」と表現する。

といいかえてもよい。「横並び」はあくまでも形式的なもので、実際は元就が上位、国衆が下位という関係であったことが、これらの事実に滲みでている。

そもそも、ほかの場面における国衆の態度をみれば、両者のあいだに上下関係があることは、きわめてはっきりしている。たとえば、平賀《ひらが》という国衆は、

　元就の協力のおかげで家を再興することができた、この「御恩賞《ごおんしょう》」はけっして忘れはしません、

と述べている（『毛利家文書』二二〇）。さきほどの元春・隆景の発言と、きれいに対応することも興味深いが、なによりも「御恩賞」という表現に注意しなければならない。普通に考えれば、恩賞は主人が従者にあたえるものである。つまり、平賀の意識のなかでは、元就はありがたい主人なのである。

また、山内《やまのうち》という国衆は、自分の領地を元就の協力のもとに知行《ちぎょう》したいと申し出て、元就もこれを認めている（『山内首藤《すどう》家文書』二一六）。事実上の本領安《ほんりょうあん》堵《ど》▲であり、元就と山内の関係は、主従関係にかぎりなく近いといってよい。このような事実が認められることからも、傘連判は多分に形式的なものであると考えなければならない。

▼**本領安堵**　本領はその家が古くから保有する領地、安堵は保有を承認してその旨の文書をあたえること。上位の武士による本領安堵は、その者に付近一帯の統治能力が十分あるかぎり、下位の武士にとっては大きな「御恩《ごおん》」であり、それに対する「奉公《ほうこう》」が行われることになる。「御恩」と「奉公」の関係、すなわち主従関係の成立である。

国衆に対する優越

申合せの内容も、また熟考を要する。戦場における兵たちの蛮行《ばんこう》を取り締まろうとしているのだが、(1)については、少し前にも同じ趣旨の申合せがあり(『毛利家文書』二二四)、こちらのほうがより理解しやすい。

兵たちの狼藉については、おたがいの了解事項として、この申合せのメンバー内では、誰の兵であっても、成敗することとする。

狼藉者はたがいに成敗しあおう、というわけだが、この申合せに、実際には元就が主人であることを加味すると、どのような話になるだろうか。狼藉者の成敗は元就が行う、といっていることにならないだろうか。元就は、狼藉者があれば国衆の軍隊に介入し、自分が成敗することを宣言した、なおかつ、それを国衆に認めさせた。これが、この申合せの、実質的な意味であったと思われる。さきほどの(1)についても同様である。

(2)についても、同じようなことがいえる。例外的に狼藉が許されるケースを、誰が認定するかが問題になっているのだが、それは「衆議」によって認定すると定めている。各自で勝手に認定するのではなく、全体の会議にかけるように、という意味であろう。全体の会議には、もちろん元就が出席している。ここに、元就が主人であることを加味すると、どのような話になるだろうか。狼藉が許されるケースは元就が認定する、といっているのに等しいのではないだろうか。これもまた、元就が自分の優越を宣言し、それを国衆に認めさせたものといえるのである。

以上のように、この傘連判の申合せは、元就が国衆を従えきれていないことの根拠には、まったくならないものと筆者は考える。むしろ、その反対の材料、元就の国衆に対する優越を、はっきり物語る材料なのだと判断する。実は、この傘連判と同じ日付で、家中の者たちが提出した書面がある(『毛利家文書』四〇二)。(2)に相当する部分はみあたらないが、(1)については、言葉遣いが変えてあるだけで、趣旨はまったく同じ文章が書かれている。ただし、署名の仕方は傘連判ではなく、通常の右から左へ流れてゆく形式になっている。

家中の兵たちが狼藉を働く件については、狼藉を働いた者は、誰の兵であっても、即座にお討ち果たしください。

このとき元就は、国衆にも家中にも同じことを宣言し、同じように了承させたのである。その意味では、国衆と家中のあいだに、実質的な違いはない▲といってよい。さきほど、国衆は家中とは「一線も二線も画する存在」と表現したのは、むしろ撤回すべきかもしれない。一線を画しているのは、言葉遣いと署名の形式だけである。元就が、国衆については外包みを変えたのは、彼らに敬意を表してみせただけのことであろう。世の中にはよくあることではないだろうか。

なお、信玄の場合も、穴山《あなやま》・小山田《おやまだ》などといった有力な家臣との関係には、微妙なものがあったといわれることがある。織田信長《おだのぶなが》に攻められて武田氏が滅亡するとき、彼らがともに離反したことも事実である。しかし、筆者のみるところでは、彼らが特別に自立心に富んでいたようすはない。最後の最後に離反したことは、目の前に大敵がいる状況ではやむをえないこと、というまとめ方でかまわないのではないだろうか。

▼**実質的な違いはない**　前出の「よく思う者は一人もいない」という発言にしても、三〇ページで紹介したように、家中に対してもほぼ同じ見方が示されている。

⑧——家を伝える

元就の「教訓状」

どんな人間にも、いつかは必ず寿命が訪れる。次の世代に確実に家を伝えたい……。この気持ちには古今も東西もないだろうが、信玄や元就のように大きな成功をおさめた人物の場合は、この繁栄をそのまま次の世代に、という気持ちが、なおさら強かったであろう。元就が隆元《たかもと》・元春《もとはる》・隆景《たかかげ》、つまり、三人の子ども宛に書き記した、あの有名な「教訓状《きょうくんじょう》」(『毛利家文書』四〇五。一一ページ写真参照)には、そのような気持ちがよくあらわれている。

何度もいうようだが、毛利という名字が、末代までもすたることがないように、心にかけ気を配ることが、なによりも肝心だ。三人の間柄に、少しでもよそよそしさや隔たりがあれば、三人とも滅亡するだけであると、認識してもらいたい。

もっとも、これは抽象的な教訓ではなく、背景に隆元と元春・隆景の不仲があったことが、しばしば指摘される。おそらくそのとおりであろう。

なお、この「教訓状」と一対のものとして、教訓に従うことを三人が連名で約束した書面、いわゆる「奉答状《ほうとうじょう》」(『毛利家文書』四〇七)がある。そして、「教訓状」の条数と「奉答状」の条数に違いがある(「奉答状」のほうが少ない)ことから、子どもたちは「教訓状」のある条項には回答しなかった、と解釈する向きがある。具体的にいえば、元春・隆景に隆元への服従を説いた条項は無視された、というのである(山室恭子『群雄創生紀』)。

しかし、この解釈は、あたっているのだろうか。父親の威厳というものが健在であったはずの当時において、自分の意見を投げ返すでもなく、いわれたことをただ無視するという態度は、はたしてありえるのだろうか。③章で述べたように、元就はけっして平凡な父親ではなく、たいへんなカリスマであったらしいのだから、なおさらそうである。また、この解釈のとおりであれば、「奉答状」は、隆元をひどく傷つけるものであったことになる。しかし、そのような「奉答状」に、当の隆元がサインしているではないか。納得できない書面に泣く泣くサインさせられるほど、隆元と元春・隆景は不仲であり、隆元は彼らにしいたげられていたというのだろうか。いずれの点も、筆者としては、理解に苦しむところである。

実は、元就から「教訓状」が示されたとき、元春・隆景は、その場にいなかったと考えられている。つまり、「奉答状」を作成したのは隆元だ、ということである。隆元は、三人の全員に対して説かれた条項と、自分に対して説かれた条項については、きちんと回答を用意したが、元春・隆景に対して説かれた問題の条項については、当然ながらなんの対応もとらなかった。そのようにしてつくった文章を、自分はこんな回答をする、ということで、元春・隆景に送ったのであろう。ところが、元春・隆景は、隆元がすべて対応してくれたものと思い込み、自分たちのサインを加えただけですませてしまった。そのため、「教訓状」より条数の少ない「奉答状」が、できあがってしまったのではないだろうか。「奉答状」に接した元就が、

三人に宛てて述べた部分もあれば、隆元宛の部分も両人宛の部分もあるのだから、隆元宛の部分はそれだけを取りだして隆元一人が、両人宛の部分は両人が、三人宛の部分はもちろん三人で返事をくれるのが、返事をくれるのであれば当然だと私は思いますが、諸君はどう思いますか、

と嫌味たっぷりに述べているのは（『毛利家文書』四〇八）、元春・隆景の軽率さと、それを招いた隆元の手際の悪さを、それとなく指摘したのだと思われる。

複数の男子をもうける

次の世代に家を伝えることについては、信玄と元就のあいだに奇妙な共通点がある。信玄も元就も、長男に先立たれているのである。

信玄の場合、長男義信《よしのぶ》とのあいだに対立を生じ、その後の経過ははっきりしないのだが、最後には義信は命を落としている。このとき、信玄は四七歳。義信だけでなく、次男にも家を伝えるにいたらず（この人は目が不自由であったといわれる）、彼らとは母親を異にする四男の勝頼《かつより》が、後継ぎ候補に起用された。

元就の場合は、六七歳のときに、長男隆元が急死している。隆元にはすでに男子、のちの輝元《てるもと》があったため、元就は自分が長生きしながら嫡孫の成長を待つことになった。元就は七五歳まで生きたから、当時としては十分に長生きしたといえるが、それでもまだ輝元は二〇歳に届かず、叔父の吉川《きっかわ》元春と小早川《こばやかわ》隆景、つまり元就の次男と三男の補佐を受けることになった。

▼**徳川秀忠**　一五七九〜一六三二年。長兄信康《のぶやす》が命を落とし(織《お》田信長《だのぶなが》の不興を買ったためとされる)、次兄秀康《ひでやす》も豊臣秀吉の養子となったため、三男でありながら家康の後継者となった。一六〇五(慶長《けいちょう》十)年、江戸《えど》幕府《ばくふ》の二代将軍となる。

このようにみてくると、信玄も元就も、複数の男子をもうけていたがために、無事に家を伝えることができたのだといえる。彼らだけでなく、徳川家康《とくがわいえやす》も、信玄と同じく、長男にも次男にも家を伝えることができず、三男の秀忠《ひでただ》▲に後を継がせている。反対に、男子が一人しかいない大名《だいみょう》は、無事に家を伝えることができるかどうか、不安が大きかったことと思われる。

この点で興味深いのは、上杉謙信《うえすぎけんしん》の場合である。よく知られているように、謙信には実の男子がなく、二人の有力な養子を残した。そのため、激しい跡目争いが持ち上がり、越後《えちご》を大混乱に陥れた。波風を立てずに家を伝える、という物差しではかれば、謙信のやり方に高い評価をあたえることはできない。しかし、複数の男子が必要であったとすれば、謙信の養子の取り方にも、納得できる部分がでてくるのである。

ところで、以上の話は、すべて後世の目からみた結果論である。当時の武《ぶ》将《しょう》たち自身は、この問題をどのように考えていたのだろうか。複数の男子をもうけることの重要性が、明確に意識されていたのだろうか。信玄の場合は、よくわからない。元就の場合も同様だが、毛利一族ということでは、そのような

豊臣秀吉画像

▼豊臣秀吉　一五三七〜九八年。織田信長のもとで中国方面を担当、有名な高松城の水攻めなど、毛利氏と激しく戦った。このころはすでに関白《かんぱく》を退き、太閤《たいこう》となっていた。隆景の養子にいれたのは、義理の甥で養子にしていた秀俊《ひでとし》（のちに秀秋《ひであき》と改名）である。隆景はすべてを秀俊に譲って隠居したため、小早川氏は実質的に毛利氏の一門《いちもん》ではなくなった。

意識はどうも乏しかったようだ。というのは、元就の子どもたち、吉川元春と小早川隆景は、ともに側室をもたなかったことが指摘されているからである（永井路子『戦国武将の素顔』）。その結果というべきかどうか、隆景はついに男子にめぐまれず、豊臣秀吉《とよとみひでよし》▲が送り込んだ養子に、家を譲る羽目になってしまった。もっとも、側室さえもてば必ず複数の男子にめぐまれる、というものでもなかろう。側室をもつかもたないか、男子が生まれるか生まれないか、生まれるとすれば何人生まれるか……。この種のことは、やはり自然の成り行きにまかせるしかないのだろう。信玄や元就も、そのような悟りを開いて、達観していたのではないかと想像する。

なお、めでたく複数の男子をもうけても、それはそれで苦労のタネになることがあった。兄弟の不仲である。さきほど取り上げた「教訓状」は、まさにその問題から生まれたものであった。信玄についても、次のような子ども宛の手紙が残っている。もっとも、こちらは「教訓状」ほど深刻なものではなく、日常生活の一コマにすぎないのかもしれないが（『山梨県史』資料編5、一三七九）。

（父が）長いこと出陣している、その留守のあいだ、なにかと不自由なこと

▼**すでに政務に携わっていた**　元就と連名で、多数の書類を発行している。

▼**高い地位を認められていた**　本文で紹介した例のほか、石山本《いしやまほん》願寺《がんじ》が、同じ日付の挨拶状を、信玄と勝頼のそれぞれに届けた例もある（『戦国遺文』武田氏編、四〇五三・五四）。

武田勝頼画像

と思う。だいたいかたづいたので、（父はまだ残るのだが）ほかの者は帰還することになる。安心してもらいたい。兄弟どうし仲よくして、（父の）帰りを待つように。

権力の継承

信玄が死んだとき、また元就が死んだとき、勝頼と輝元は、それぞれスムーズに権力を引き継ぐことができたのだろうか。輝元は、元就のもとですでに政務に携わっていたし▲、勝頼も、信玄に準ずる高い地位を認められていたようだ▲。武田家の重臣が、ある案件について、「信玄にも勝頼にも報告する必要はない」と述べた例がある（『山梨県史』資料編5、一二八四）。したがって、二人とも、基本的にはスムーズに、権力を継承したものと思われる。ただし、まったくの無風、というわけではなかったようだ。

信玄が死んだ直後、勝頼はある家臣《かしん》に対して、次のような起請文《きしょうもん》をあたえている（『山梨県史』資料編5、二五三一）。

今後、特別に奉公《ほうこう》するならば、きちんと処遇しよう。けっして疎略に扱ったりはしない。（おまえが）先日提出した起請文のとおりに、国のため、勝頼のためを思って意見をいうならば、きちんと聞いてやる。たとえ（勝頼の意向と）一致することがなくても、処罰したりはしない。たとえこれまで疎略に扱ってきた者でも、今後特別に働くならば、なおざりにはしない。

まことになまなましい文面である。当主の交代にともなう儀礼的なやりとり、というわけではなさそうだ。おそらく、この家臣を中心とする、勝頼ぎらいの一派が存在し、勝頼も彼らをきらっていたのだろう。ところが、信玄の死、勝頼の当主就任という事態に直面して、この一派は勝頼と良好な関係を構築せざるをえなくなり、「国のため、勝頼様のために働きます」と、必死のアピールを行った。それに応えたのが、この起請文なのだと思われる。一派の出方によっては、勝頼は彼らを粛清することになったのかもしれない。

輝元については、⑤章で言及した、吉川元春・小早川隆景らによる諫言《かんげん》がある（『毛利家文書』八四〇）。元就が定めた方針を守って、石見《いわみ》銀山《ぎんざん》からえられる富は、すべて戦費にあてるべきだ、と述べたものである。このような諫言が、元

▼**段銭**　保有する土地の規模に応じて取り立てる税金。戦国《せんごく》大名の重要な収入源であったと考えられており、輝元も「戦さの役に立つのは段銭だ」と述べたことがある(『萩藩閥閲録《はぎはんばつえつろく》』二、七七八ページ)。

就が死んだ直後に行われたのは、輝元が元就の方針を変更しようとしたからであろう。この諫言では、ほかに周防《すおう》・長門《ながと》からとる段銭《たんせん》▲の問題も、檜玉に上がっている。輝元は、権力を継承するやただちに独自性を発揮しようとし、それを補佐役の叔父たちにたしなめられたのだと思われる。勝頼の場合と問題の性質は異なるが、若干の波風が立ったという点では同じである。ちなみに、晩年の輝元が往時を回想した文章のなかに、元春・隆景にいろいろ意見されてとてもたいへんであった、という意味の一節がみえる(『毛利家文書』一一五七)。

このように、あらかじめ決まっていた後継者であっても、やはり権力の継承には困難がともなったようだ。当り前の結論かもしれないが、次の世代に家を伝えるという事業には、一つまちがえばどうころぶかわからない危険性が、多分に含まれていたようである。

写真所蔵・提供者一覧（敬称略，五十音順）

安芸高田市歴史民俗博物館　　扉下
生島足島神社　　p. 66上・下
一蓮寺・『山梨県史　資料編４』　　p. 68下
逸翁美術館　　p. 82
願泉寺・貝塚市教育委員会　　p. 39
甲府市教育委員会　　扉上
高野山霊宝館　　p. 7 上右，83
国立歴史民俗博物館　　p. 58
島根県教育庁文化財課　　p. 49
常安寺・長岡市栃尾支所商工観光課　　p. 37
常栄寺・山口市教育委員会　　p. 24
心月寺・福井市立郷土歴史博物館　　p. 5
早雲寺・箱根町立郷土資料館　　p. 28
大泉寺・山梨県立博物館　　p. 4
長興寺・豊田市郷土資料館　　p. 62
徳川美術館　　p. 29
豊栄神社・山口県立山口博物館　　p. 11上
冨士御室浅間神社・富士河口湖町教育委員会　　カバー裏（右）
富士山本宮浅間大社・静岡県立美術館　　p. 55
米山寺・三原市教育委員会　　p. 12左
妙智院・『山梨県史　資料編５』　　p. 60
毛利博物館　　カバー裏（左）・p. 11下，69上・下
陽雲寺・山梨県立博物館　　p. 7 下
龍福寺・山口県教育委員会　　p. 8
寺院・山梨県立博物館　　p. 7 上左
個人・大阪城天守閣　　カバー表，p. 52上
個人・萩市　　p. 12右
個人・『山梨県史　資料編４』　　p. 68上

参考文献

〔信玄関係〕
『山梨県史』資料編４～６，山梨県，1999～2005年
『山梨県史』通史編２，山梨県，2007年
鴨川達夫『武田信玄と勝頼』岩波新書，岩波書店，2007年
鴨川達夫「戦国武田三代」『山梨県のあゆみ』山梨県，2008年
鴨川達夫「武田氏の海賊衆小浜景隆」『定本武田信玄』高志書院，2002年
藤本正行『武田信玄像の謎』歴史文化ライブラリー，吉川弘文館，2006年
柴辻俊六「戦国期武田氏の京都外交」『駒沢大学史学論集』33，2003年
神田千里『一向一揆と石山合戦』戦争の日本史，吉川弘文館，2007年
図録『風林火山』NHK，2007年
生島足島神社ほか編『信玄武将の起請文』信毎書籍発行センター，1988年
〔元就関係〕
『毛利家文書』大日本古文書，東京大学出版会，1997年復刻
『萩藩閥閲録』山口県文書館，1967～71年
三卿伝編纂所編『毛利元就卿伝』マツノ書店，1984年
池享『知将毛利元就』新日本出版社，2009年
山室恭子『群雄創世紀』朝日新聞社，1995年
鴨川達夫「毛利家臣安芸国久芳氏の文書」『古文書研究』44・45，1997年
村井祐樹「東京大学史料編纂所所蔵佐藤文書」『東京大学史料編纂所研究紀要』13，2003年
岸田裕之「大名領国下における杵築相物親方坪内氏の性格と動向」『大社町史研究紀要』４，1989年
秋山伸隆「戦国大名毛利氏の流通支配の性格」『戦国大名毛利氏の研究』吉川弘文館，1998年
図録『毛利元就展』NHK，1997年
岸田裕之監修『中国の盟主毛利元就』日本放送出版協会，1997年
永井路子『戦国武将の素顔』NHK人間大学，日本放送出版協会，1997年

なお，本書の校正中に，下記の論文に接した。本書60ページおよび67ページとやや重なるところがある。

柴辻俊六「永禄武田将士起請文の歴史的考察」『武田氏研究』41号，2010年
鴨志田智啓「武田信玄呼称の初見文書について」『戦国史研究』60号，2010年

毛利元就とその時代

西暦	年号	齢	おもな事項
1497	明応6	1	*3–14* 毛利弘元の次男として生まれる
1523	大永3	27	*8–10* 本家の当主の地位に就く。当初は尼子方に属したが，まもなく大内方に転じる
1526	6	30	この年，博多の商人神谷寿禎が石見銀山を発見する
1533	天文2	37	この年，石見銀山で灰吹法による銀の精錬が行われるようになる
1537	6	41	*12–1* 長男隆元を周防に差しだす
1542	11	46	*1–* 大内義隆の出雲遠征に参加する
1543	12	47	*8–25* 鉄砲が種子島に伝わる
1546	15	50	*6*ごろ 隆元に当主の地位を譲る
1550	19	54	*2–* 次男元春による安芸の吉川家乗っ取りが完成する。*7–20* 一群の不良家臣を殺害し，200人余りの家臣に，これを是認する起請文を提出させる
1551	20	55	*9–1* 陶晴賢が大内義隆を倒す。元就はこれを黙認。*9–* 三男隆景による備後の小早川家乗っ取りが完成する。*10–* 安芸の平賀氏の再興に協力する
1553	22	57	*12–4* 備後の山内氏の本領を安堵する
1554	23	58	*5–11* 陶晴賢との戦いを開始する
1555	弘治元	59	*10–1* 厳島の戦い。陶晴賢を倒す
1557	3	61	*4–* 大内義長を滅ぼし，周防・長門を制圧する。*11–25* 隆元・元春・隆景宛の「教訓状」を書き記す。*12–2* 狼藉者の成敗について，傘連判形式で申し合わせる
1561	永禄4	65	*12–* 尼子氏との和平が成立する。しかし，翌年に破棄
1562	5	66	*2–* 石見を制圧する。*11–5* 石見銀山を握る本城常光を滅ぼす
1563	6	67	*5–* 大友氏との和平が成立する。*8–4* 長男隆元が急死する
1564	7	68	*9–3* 杵築の坪内氏の地位を確認する
1566	9	70	*11–21* 尼子氏を滅ぼし，出雲を制圧する
1568	11	72	*7–* これより翌年にかけて，九州北部の覇権を大友氏と争う
1569	12	73	*6–* 出雲で尼子氏再興の動きが起こる。*10–* 周防で大内氏再興の動きが起こる
1571	元亀2	75	*6–14* 死去する

武田信玄とその時代

西暦	年号	齢	おもな事項
1521	大永元	1	*11-3* 武田信虎の長男として生まれる
1541	天文10	21	*6-* 信虎を追放し，当主の地位に就く。信虎の路線を継承し，信濃への進出を続ける
1543	12	23	*8-25* 鉄砲が種子島に伝わる
1555	弘治元	35	*7-19* 川中島の戦い。こののち，信濃の守護に任じられたか。翌年ごろまでに，信濃のほぼ全域を制圧する
1558	永禄元	38	*11-* 越後への攻勢をめぐって，足利義輝に睨まれる。*12-*剃髪して名前を信玄に改める
1560	3	40	*5-19* 織田信長，桶狭間の戦いに勝ち，飛躍の足がかりとなる。*9-* 上杉謙信，三国山脈を越え，はじめて関東に進出。翌年にかけて，各地を一巡する
1561	4	41	*11-* 上野西部への進出を開始する
1565	8	45	*10-* 長男義信との対立が表面化する
1566	9	46	*6-* 書類の作り方を，折紙から竪紙に切りかえる
1567	10	47	*4-* 上野西部への進出が完了する。このころから，今川氏真との関係がくずれはじめる。*8-7* 200人余りの家臣に，いっせいに起請文を提出させる。*10-19* 義信が死去する
1568	11	48	*4-* 今川氏真に起請文を提出させる。*7-* 織田信長との関係を成立させる。*9-26* 織田信長，足利義昭を奉じて入京する。*12-* 駿河への侵攻を開始する
1569	12	49	*4-10* 足利義昭との対立の緩和をはかる。*10-* 相模に攻め込んだが，すぐに引き上げる
1570	元亀元	50	*8-* 徳川家康との関係が冷え込む。この年から，織田信長と朝倉義景・浅井長政・石山本願寺の対立が本格化する(姉川の戦いなど)
1571	2	51	*1-* 駿河のほぼ全域を制圧する
1572	3	52	*7-* 僧正任官の話が持ち上がる。*10-3* 織田信長との関係をたち，遠江・三河・美濃方面への行動を開始する。*12-22* 三方原の戦い
1573	天正元	53	*4-12* 陣中で死去する

鴨川達夫(かもがわ　たつお)
1962年生まれ
東京大学大学院人文科学研究科修士課程修了
専攻，日本中世史(戦国時代)
現在，東京大学史料編纂所教授
主要著書・論文
『武田信玄と勝頼』(岩波新書，岩波書店2007)
『定本武田信玄』(共著，高志書院2002)
「武田信玄の自筆文書をめぐって」(『山梨県史研究』12号2004)
「秀吉のあだ名と風貌をめぐって」(『MUSEUM』575号2001)

日本史リブレット人 043

武田信玄《たけだしんげん》と毛利元就《もうりもとなり》

思いがけない巨大な勢力圏

2011年4月20日　1版1刷　発行
2021年9月5日　1版3刷　発行

著者：鴨川達夫《かもがわたつお》

発行者：野澤武史

発行所：株式会社 山川出版社

〒101−0047　東京都千代田区内神田1−13−13
電話　03(3293)8131(営業)
03(3293)8135(編集)
https://www.yamakawa.co.jp/
振替　00120-9-43993

印刷所：明和印刷株式会社

製本所：株式会社 ブロケード

装幀：菊地信義

Printed in Japan ISBN 978-4-634-54843-5

日本史リブレット 人

1 卑弥呼と台与——仁藤敦史
2 倭の五王——森 公章
3 蘇我大臣家——佐藤長門
4 聖徳太子——大平 聡
5 天智天皇——須原祥二
6 天武天皇と持統天皇——義江明子
7 聖武天皇——寺崎保広
8 行基——鈴木景二
9 藤原不比等——坂上康俊
10 大伴家持——鐘江宏之
11 桓武天皇——西本昌弘
12 空海——曾根正人
13 円仁と円珍——平野卓治
14 菅原道真——大隅清陽
15 藤原良房——今 正秀
16 宇多天皇と醍醐天皇——川尻秋生
17 平将門と藤原純友——下向井龍彦
18 源信と空也——新川登亀男
19 藤原道長——大津 透
20 清少納言と紫式部——丸山裕美子
21 後三条天皇——美川 圭
22 源義家——野口 実
23 奥州藤原三代——斉藤利男
24 後白河上皇——遠藤基郎
25 平清盛——上杉和彦
26 源頼朝——高橋典幸
27 重源と栄西——久野修義
28 法然——平 雅行
29 北条時政と北条政子——関 幸彦
30 藤原定家——五味文彦
31 後鳥羽上皇——杉橋隆夫
32 北条泰時——三田武繁
33 日蓮と一遍——佐々木馨
34 北条時宗と安達泰盛——福島金治
35 北条高時と金沢貞顕——永井 晋
36 足利尊氏と足利直義——山家浩樹
37 後醍醐天皇——本郷和人
38 北畠親房と今川了俊——近藤成一
39 足利義満——伊藤喜良
40 足利義政と日野富子——田端泰子
41 蓮如——神田千里
42 北条早雲——池上裕子
43 武田信玄と毛利元就——鴨川達夫
44 フランシスコ＝ザビエル——浅見雅一
45 織田信長——藤田達生
46 徳川家康——藤井讓治
47 後水尾院と東福門院——山口和夫
48 徳川光圀——鈴木暎一
49 徳川綱吉——福田千鶴
50 渋川春海——林 淳
51 徳川吉宗——大石 学
52 田沼意次——深谷克己
53 遠山景元——藤田 覚
54 酒井抱一——玉蟲敏子
55 葛飾北斎——大久保純一
56 塙保己一——高埜利彦
57 伊能忠敬——星埜由尚
58 近藤重蔵と近藤富蔵——谷本晃久
59 二宮尊徳——舟橋明宏
60 平田篤胤と佐藤信淵——小野 将
61 大原幽学と飯岡助五郎——高橋 敏
62 ケンペルとシーボルト——松井洋子
63 小林一茶——青木美智男
64 鶴屋南北——諏訪春雄
65 中山みき——小澤 浩
66 勝小吉と勝海舟——大口勇次郎
67 坂本龍馬——井上 勲
68 土方歳三と榎本武揚——宮地正人
69 徳川慶喜——松尾正人
70 木戸孝允——一坂太郎
71 西郷隆盛——徳永和喜
72 大久保利通——佐々木克
73 明治天皇と昭憲皇太后——佐々木隆
74 岩倉具視——坂本一登
75 後藤象二郎——村瀬信一
76 福澤諭吉と大隈重信——池田勇太
77 伊藤博文と山県有朋——西川 誠
78 井上馨——神山恒雄
79 河野広中と田中正造——田崎公司
80 尚泰——川畑 恵
81 森有礼と内村鑑三——狐塚裕子
82 重野安繹と久米邦武——松沢裕作
83 徳富蘇峰——中野目徹
84 岡倉天心と大川周明——塩出浩之
85 渋沢栄一——井上 潤
86 三野村利左衛門と益田孝——森田貴子
87 ボアソナード——池田眞朗
88 島地黙雷——山口輝臣
89 児玉源太郎——大澤博明
90 西園寺公望——永井 和
91 桂太郎と森鷗外——荒木康彦
92 高峰譲吉と豊田佐吉——鈴木 淳
93 平塚らいてう——差波亜紀子
94 原敬——季武嘉也
95 美濃部達吉と吉野作造——古川江里子
96 斎藤実——小林和幸
97 田中義一——加藤陽子
98 松岡洋右——田浦雅徳
99 溥儀——塚瀬 進
100 東条英機——古川隆久

〈白ヌキ数字は既刊〉